Das Land der Väter mit der Seele suchend

URSULA WEHLITZ

Das Land der Väter
mit der Seele suchend

– Kindheitserinnerungen –

Bibliografische Information der Deutschen Nationalbibliothek

Die Deutsche Nationalbibliothek verzeichnet diese Publikation in der Deutschen Nationalbibliografie; detaillierte bibliografische Daten sind im Internet über http://dnb.dnb.de abrufbar.

© 2017 Ursula Wehlitz

Satz, Umschlaggestaltung, Herstellung und Verlag: BoD – Books on Demand

ISBN 978-3-7448-5014-8

Inhalt

»Und meine Seele spannte
weit ihre Flügel aus,
flog durch die stillen Lande,
als flöge sie nach Haus.«

(Jos. v. Eichendorff, Mondnacht)

Geleitworte

An meinen Großvater habe ich leider keine eigenen Erinnerungen. Er ist sehr früh, mitten heraus aus seinem Schaffen, plötzlich und unerwartet gestorben.

Seine Häuser stehen noch in Riga, sind bekannt, und bekannt ist dort sein Name: Friedrich Scheffel, auch ein Baumeister des Jugendstils. Schön restauriert sind sie, ein architektonisches Denkmal und Andenken an ihn.

Sein Lebensmittelpunkt war Libau.

Er verkörpert für mich das Urbane, den Häuserbau, die architektonische Städtegestaltung.

Alles, was ich über ihn weiß, ist mir als Wohlbewahrtes aus den Erzählungen meiner Mutter im Gedächtnis geblieben. Über sein Wirken in Riga gibt es einen Eintrag in der Künstlerenzyklopädie, herausgegeben von der Architektur-Fakultät der Technischen Universität Riga.

Libau – Liepāja hat ihren großen Sohn vergessen!

Mein Vater, Edgar Franz, hat zwei Weltkriege überleben können, ich habe ihn erst im Erwachsenenalter verloren. Meine Kindheit ist durch ihn auch sehr geprägt worden und durch das Leben auf dem Lande. Er stand für das Bodenständige, Erdverbundene und er liebte das Land. Das hat dann auch zu seinem Beruf geführt, nicht nur das Land zu bestellen, es auch zu schützen.

Für alle diese Familiengeschichten und Kindheitserinnerungen, die sich so als Seitensprünge um den Großvater, Vater und um mein Leben ranken, sind es die Orte, die für uns Bedeutung erhalten haben.

Sie sind beschrieben in einem Touristen-Informations-Journal »Liepāja und Umgebung, 2015« und riefen alles in mir wach, was ich an Gehörtem und Erlebtem in der Seele bewahrt habe.

Friedrich Scheffel 1862–1913

Libau 1862–1913

Mein Großvater, Friedrich Scheffel, wurde am 13. Februar 1862 in Libau als sechstes Kind einer großen Familie geboren.

Acht Geschwister sind ihm noch nachgefolgt.

Er wurde damals allgemein nur Fritz genannt.

Ob man sich am großen Vorbild, Friedrich II., dem »Alten Fritz«, orientiert hat oder ob es zu der Zeit üblich war, den Friedrich im Umgang auf »Fritz« abzukürzen, weiß ich nicht.

Von seinem Großvater, Johann Friedrich Scheffel, der Schiffszimmermann in Libau war, hat er wohl mit dessen Genen die Liebe zur Beschäftigung mit Holz und die Lust am Bauen geerbt.

So konnte er dem Namen »Scheffel« mit seinen Jugendstilhäusern, die er nicht nur in Riga erbaute, ein Denkmal setzen und ihn damit überdauern lassen.

Denn der Name Scheffel von dieser Linie wurde von keinem seiner Brüder oder deren Nachfahren der großen Sippe weitergetragen.

Die Scheffels sind an ihren vielen Töchtern ausgestorben. Selbst sein jüngster Bruder David und dessen Sohn Erich, der letzte Stammhalter, sie konnten auch nicht dafür sorgen! Erich Scheffel hatte drei Kinder – alles Töchter!

Libau war um die Jahrhundertwende und auch noch bis nach dem Ersten Weltkrieg ein richtiges »Scheffel-Nest«!

Mein Großvater hatte dort sein Baugeschäft mit dem

großen »Spänerhof«. Auf dem wurden die zu bauenden Häuser, alle in Holzbauweise, nach seinen Plänen und Anweisungen vorgefertigt. Es wurde gesägt und gehobelt und das Material, die Balken, maßgerecht »abgebunden«, wie meine Mutter mir erzählt hat.

Gebaut wurden hauptsächlich Wohnhäuser und Villen in Strandnähe.

Der nächste Scheffel mit hohem Bekanntheitsgrad war sein älterer Bruder Jeanot, geboren im November 1859.

Jeanot war damals ein beliebter, gängiger Vorname.

Man war frankophil. Französisch wurde auch am Zarenhof gesprochen. Englisch war weniger gefragt.

Zwei Beispiele seiner Jugendstilbauten in Riga.

Jeanot Scheffel war Fleischermeister und betrieb mit seinem jüngeren Bruder Theodor eine Fleischerei mit eigener Schlachtung, Verarbeitung sowie dem Verkauf. Bekannt war der scheffelsche Stand in der Libauer Markthalle, vor allem vor dem Ersten Weltkrieg.

Dazu kursierte auch ein lustiger Spruch:

»Glaube macht selig,
Schinken macht Durst.
Pastor Kluge predigt
Und Scheffel macht Wurst!«

Auch der jüngste Bruder, David Scheffel, geboren 1877, der Apotheker geworden war, wirkte zum Wohl der Libauer. Zunächst als Provisor in einer Privatapotheke, dann als Leiter der größten Werksapotheke in der Drahtfabrik in Libau.

– Ich hatte noch das Glück, ihn 1954 in Helmstedt kennenzulernen. –

Zwei Scheffel-Schwestern blieben auch verheiratet in Libau.

Ein junger blonder, sehr gut aussehender Lette, Emil Puhze (Pūce), angestellt als Prokurist in der Lederfabrik, holte sich die jüngste, Magdalene Scheffel, zur Frau. Sie starb sehr früh, wohl im Kindbett. Darauf heiratete der Witwer die nächste Scheffel-Tochter.

Zum Leben meines Großvaters besitze ich noch einige wenige Belege aus seiner Studienzeit in Eckernförde. Er besuchte dort die 1868 eröffnete Baugewerkschule in den Jahren 1887/88. Das bezeugt ein erhaltenes Deckblatt des Vortrags eines Dozenten über Rechnen und Algebra, das er mit seinem Namen versehen hat.

Die Entwicklung der Baugewerkschule Eckernförde hatte bald bei der Ausbildung von Architekten einen Qualitätsstandard erreicht, der an die Spitzenleistung der deutschen Architektenschaft heranreicht, heißt es in der Festschrift zum hundertjährigen Bestehen 1968.

Darin wird auch erwähnt, daß von deren Absolventen das Rathaus von Berlin-Schöneberg stammt. Weiter wird darauf hingewiesen, daß auch eine große Zahl von Kirchen sowie Hotels, Banken und Geschäftshäuser im Zentrum Berlins die Handschrift aus Eckernförde tragen.

Baugewerkschule
Eckernförde.

Vortrag des Herrn *Mottgen.*

über *Rechnen u. Algebra* in Klasse IV a

Winter Semester 1887/8

F. Scheffel.

Auszug

aus dem

BLECH.

Vereins- Organ der Harmonie d. Bauschüler.

Winter - Semester 1878-79.

Für die Redaktion verantwortlich:

Zwiese. u. Th. Bless.

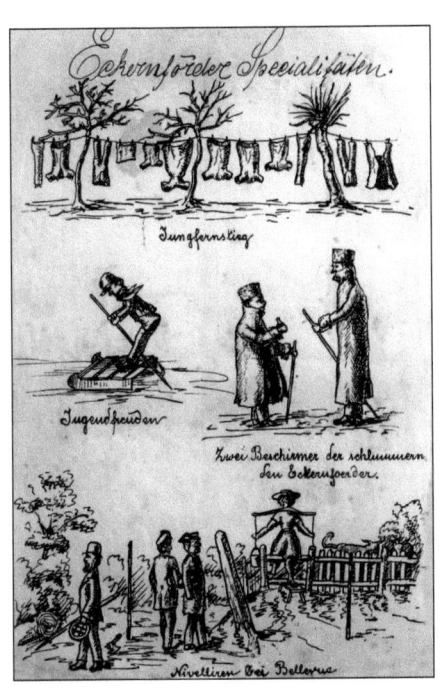

Was ist Spannung?

Spannung ist der Widerstand welchen die Cohäsionskräfte in einem Querschnitt pro □cm zu leisten haben.

In der Dorfschule.

Wann genau mein Großvater in Eckernförde seine Ausbildung begonnen und abgeschlossen hat, geht leider aus den erhaltenen Erinnerungsstücken nicht hervor, die meine Mutter aufbewahrt hatte.

Es gibt noch seine grün-samtene Studentenmütze mit einem Emblem am Mützenrand und dem eingeprägten Namen »Eckernförde« im grünen Seidenfutter. Dazu einige, schon etwas morsch und im Zerfallen begriffene Blätter der Studentenzeitung »Blech« mit handschriftlich in Sütterlin-Schrift verfaßten Gedichten und Beiträgen und mit lustigen Zeichnungen aus dem Studentenleben versehen.

Die nächste Spur von meinem Großvater führt nach Sankt Petersburg in ein Archiv, wo sich Dokumente befinden, die besagen, daß er dort 1889 zum Erwerb des Baurechts im zaristischen Reich noch eine Prüfung abzulegen hatte.

Viele Jahre zuvor war er aber schon in den Ehestand getreten.

In Libau hatte er sein Lieschen Treulieb geheiratet, die als Luise Scheffel meine Großmutter wurde.

1893 ist sein Sohn Hermann geboren, 1895 die Tochter Irma, meine Mutter.

Vorher muß er aber noch längere Zeit nach Abschluß seiner Ausbildung in der dortigen Ostseeregion tätig gewesen sein. Ich habe keine Belege dafür, doch es muß wohl Lübeck gewesen sein.

Dort hat er wohl auch gut verdienen und das Geld anlegen können. Gesichert befand sich in seinem Besitz ein Tabaksgeschäft in einem Eckhaus an der Trave. Ich kann mich erinnern, daß mir ein Foto von dem Haus gezeigt wurde und er in der Eingangstür steht. Es handelte sich wohl um ein Gebäude aus der Zeit der regen Bautätigkeit der Gründerjahre. Vielleicht war er auch an dem Bau beteiligt?

Jedenfalls waren dort, während er in Libau mit seiner Familie lebte und tätig war, ein Prokurist und eine Kassiererin eingesetzt, das Geschäft zu führen und regelmäßig Abrechnungen und Berichte nach Libau zu schicken.

Auch ist er verschiedentlich mit dem Schiff nach Lübeck gefahren, um nach dem Rechten zu sehen. Alles verlief über Jahre zu seiner vollsten Zufriedenheit.

1913 kamen keine Nachrichten mehr aus Lübeck. Auch auf dringende Anfragen blieb eine Antwort aus. Sehr besorgt hat sich mein Großvater entschlossen, sofort persönlich nachzuforschen und der Sache auf den Grund zu gehen. Mit einem großen Reisekoffer versehen, hat er sich nach Lübeck eingeschifft. Was er dort an Ort und Stelle vorfand, hat ihm den »Schlag« versetzt. Er starb an Herzschlag, wie man damals sagte.

Prokurist und Kassiererin hatten sich zusammengetan und waren mit allen Einnahmen und Wertvollem aus dem Geschäft nach Amerika verschwunden.

Ein Sarg brachte meinen Großvater aus Lübeck nach Libau zurück.

Plötzlich und unerwartet hatte ihn mit 51 Jahren der Tod ereilt und meine Großmutter war mit 43 Jahren Witwe geworden.

Libau – Liepāja 1913–1931

Dieser Schicksalsschlag hat die Familie mit aller Wucht getroffen und ihr Leben völlig verändert.

Meine Großmutter verharrte lange Zeit fassungslos und wie gelähmt in ihrer Trauer.

Die ganze Last der Verantwortung mit der Entscheidung, wie es mit ihrem Leben weitergehen soll, legte sich auf die jungen Schultern der erst 18jährigen Tochter Irma. Der Bruder Hermann, der ältere, befand sich weit fort im zaristischen Rußland, wo er seinen Militärdienst bei der Truppe im Wolgagebiet abzuleisten hatte. Er hätte nun die Rolle als Oberhaupt der Familie übernehmen müssen.

An eine Weiterführung des Baugeschäfts war unter diesen Umständen nicht zu denken. Die Witwe war weder im Stande noch in der Lage dazu.

Da hieß es für die Tochter, sich der Veränderung der Lebensumstände zu stellen. Sie mußte die Schule verlassen und auf den Abschluß des russischen Gymnasiums verzichten.

Das Baugeschäft mußte verkauft und der Bauhof an einen Interessenten abgegeben werden.

Welcher Architekt die Nachfolge antrat, die scheffelsche Firma übernahm und unter eigenem Namen weitergeführt hat, ist mir nicht bekannt. Zu meiner Kinderzeit wurde darüber nicht mehr gesprochen.

Jedenfalls ist der Name des Architekten Friedrich Scheffel damit in Libau erloschen und ganz in Vergessenheit geraten.

Die aus dem Verkauf erhaltenen finanziellen Mittel versetzten die kleine Familie – es lebte noch eine alte Tante mit im Haushalt – in die Lage, den Unterhalt für die nächste Zeit zu sichern.

Für die Witwe konnte als Alterssitz der Platz in einem Damenstift eingekauft werden, und es wurden noch letzte ausstehende Gelder an Arbeiter und Beschäftigte ausgezahlt.

Aber dann hieß es für die Tochter, ans Geldverdienen zu denken.

Dabei konnte der Onkel, Jeanot Scheffel, der Fleischermeister, helfen. Er bot ihr für eine Übergangszeit die Stelle als Kassiererin bei seinem Verkaufsstand in der Libauer Markthalle an. So wurde aus der vorher unbeschwerten, fröhlichen Gymnasiastin eine Fleischereiangestellte; und es gab keine ruhige Anlern- oder Eingewöhnungsphase, es war der Sprung ins kalte Wasser!

Das Geschäft florierte mit reichlicher Kundschaft und großem Tempo bei der Bedienung.

Versierte Fleischergesellen teilten die Kalbsbraten, hackten die Karbonaden und Schweinerippen, schnitten Rinderrouladen, Schnitzel, Schinken und teilten die Würste nach den Wünschen der Kundinnen. Die Mengen wurden von ihnen abgewogen und der Preis der Positionen bestimmt, den sie dann der Kassiererin zuriefen. Sie hatte für die zugerufenen Posten die Preise zu addieren und von den entsprechenden Kunden das Geld zu kassieren. Der Abakus, das alte Rechenbrett, hat meiner Mutter dabei gute Dienste geleistet, aber es galt, höllisch aufzupassen, und schnelles Kopfrechnen war auch gefragt, die Summe mußte stimmen!

Da diese Tätigkeit aber nicht von sehr lange Dauer sein konnte und das Markttreiben mit seinem Trubel so gar nicht ihren beruflichen Vorstellungen entsprach, hieß es, sich auf einen anderen Beruf vorzubereiten. Sie besuchte einen Kursus für Stenographie, damals wurde das System Stolze-Schrey gelehrt, und machte sich mit dem Schreibmaschine-Schreiben vertraut. Beide Fähigkeiten und Fertigkeiten konnten ihr einen Sekretärinnen-Posten ermöglichen.

Luise Scheffel und Tochter Irma

In der nächsten Zeit versuchten Mutter und Tochter sich mit der neuen Lebenssituation ab- und zurechtzufinden. Es war still um sie geworden.

Um so lauter und aufgeregter ging es in der Welt draußen zu.

Der Erste Weltkrieg stand vor der Tür und 1915 war auch das Baltikum betroffen. Im Sommer eroberten die deutschen Truppen Litauen und Kurland.

In Libau hat es wohl keine großen Kampfhandlungen gegeben, außer heftigen Gefechten um das Kriegshafengebiet.

Durch den Anteil an deutschsprachiger Bevölkerung in der Stadt hatte es die reichsdeutsche Besatzung leicht, sich in der Etappe einzurichten.

Für Bildung und Kultur wurde ein Experte aus Schwaben geholt. Er sollte als Schulrat dieses Feld bestellen. Er hatte hauptsächlich Schulen zu inspizieren und darüber Berichte an die vorgesetzte Behörde zu liefern. Dazu brauchte er eine Sekretärin.

Deutsch sprechende und schreibende junge Damen gab es genug in Libau. Seine Wahl fiel auf meine Mutter. Für sie war es die beste Gelegenheit, ihr Erlerntes in der Praxis anzuwenden. Auch für ihn war es am einfachsten, wenn er nur zu diktieren brauchte und alles mitstenographiert wurde. Danach bekam er maschinenschriftlich den Bericht.

Dem Schulrat war es dabei zur Gewohnheit geworden, sich diktierend ans Fenster zu stellen.

Auch meine Mutter hatte sich etwas angewöhnt, nämlich mit dem Stenoblock auf den Knien auf der Stuhlkante zu wippen. Eines Tages war das Wippen etwas zu heftig ausgefallen und sie rutschte unter den Schreibtisch. Das klappende Stuhlgeräusch hatte der eifrig diktierende und aus dem Fenster schauende Schulrat wohl überhört, und meine Mutter schrieb ja unten weiter. Als er sich mit seinen letzten Worten und einem »das wär's« vom Fenster ins Zimmer umwandte, war seine »Steno-Tippeuse« verschwunden!

»Scheffelchen, wo sind Sie denn?!« rief er und staunte nicht schlecht, als Scheffelchen nach einem etwas dumpfen »Hier« hinter dem Schreibtisch auftauchte. Und alles war notiert, was er vorher angesagt hatte!

Diesen lustigen Vorfall konnte ich als Kind nicht oft genug erzählt bekommen.

Natürlich habe ich das Stuhl-Wippen auch probiert, nur mir gelang es nicht. Entweder war der Stuhl nicht geeignet oder es fehlte mir an Gewicht!

Eine andere »Untugend« habe ich aber mit Erfolg übernommen und als Zehnjährige in Deutschland praktiziert. Ich durfte mich nur nicht von der Hauswirtin erwischen lassen!

Diese Untugend war das Geländer-Rutschen.

In dem Gebäude, wo der Schulrat in der 1. Etage sein Arbeitszimmer hatte, gab es eine schöne Treppe mit einem breiten wunderbaren Holzgeländer, keinem so mickrigen Handlauf, wie man ihn heute hat.

Nach getaner Arbeit, zum Feierabend, schwang sich meine Mutter auf das Geländer und sauste abwärts. Die Stufen benutzte sie nur treppauf. Dabei konnte es schon passieren, daß sie an der messingknopf-bewehrten Brust eines ins Haus gekommenen Militärs landete.

Jedenfalls war die Zeit der Tätigkeit beim etwas pedantischen, aber sonst recht gemütlichen Schwaben für meine Mutter eine recht angenehme und entspannte.

Er hatte auch nach einer gewissen Aneinandergewöhnung ihr seine Privatkorrespondenz anvertraut. So sollte in regelmäßigen Abständen seiner Frau in der fernen Heimat Mitteilung über sein Befinden gemacht werden. Er legte Wert darauf, daß ihr auch kleine, sie interessierende Vorkommnisse aus seinem Libauer Alltagsleben berichtet wurden. Anfangs hatte er noch selbst angesagt, was geschrieben werden sollte, bald aber überließ er den Text ganz meiner Mutter. Der Briefschluß sollte aber immer sein: »Gruß und Kuß Poldi!«

1918 kam der Tag, an dem Poldi ins Reich, in sein Schwabenland, zurückkehrte und keine Briefe mehr geschrieben werden mußten.

Die unruhige Zeit des dramatischen Übergangs, den gravierenden Veränderungen vom Krieg zum Frieden, von der deutschen Besetzung zur Gründung des Staates Lettland, vollzog sich mit gewaltsamen kriegerischen Auseinandersetzungen.

Als die deutschen Truppen nach dem Ende des Ersten Weltkriegs Lettland verließen, versuchten die Bolschewisten Fuß zu fassen, und es gelang ihnen, Riga vorübergehend in die Hand zu bekommen.

Der lettischen Armee unter Beteiligung der Baltischen Landeswehr, einer Freiwilligentruppe der Deutsch-Balten, die später in die Armee Lettlands eingegliedert wurde, gelang es, die von der Roten Armee gehaltene

Stadt zurückzuerobern, so daß die Regierung Ulmanis in Riga einziehen konnte.[1]

In Libau verliefen diese bürgerkriegsähnlichen Kampfhandlungen weniger heftig.

Nicht zuletzt sorgte dafür die Anwesenheit englischer Kriegsschiffe auf der Reede vor Libau. Deren Anwesenheit allein bewirkte, daß die Ereignisse nicht eskalierten und sich im Sinne der Politik der Alliierten entwickelten. Damit scheiterten auch die Einfluß- und Übernahmeabsichten der Sowjets.

Für meine Mutter bedeutete dieser geschichtliche Umbruch auch eine Zäsur. Sie mußte sich nach einer neuen Arbeitsstelle umsehen. Ihr war klar, daß das in Zukunft eine Bürotätigkeit und als Sekretärin sein sollte. Sie hatte doch ihre »Arbeitsfähigkeit« als Stenotypistin in jeder »Lebenslage« unter Beweis gestellt!

Beim Getränkekontor »Arnal & Söhne« fand sie eine Beschäftigung im Büro.

Über die Tätigkeit dort ist nicht viel zu berichten.

Zu erwähnen wäre aber, daß die Gelegenheit da ihre Vorliebe für kohlensäurehaltige Getränke geweckt hat. »Sinalko« wurde ihre Lieblingsmarke und bis ins Alter liebte sie sprudelnde, moussierende Getränke, Brause. –

Damals haben es jedoch auch die belebenden, aufmunternden Getränke nicht vermocht, ihren großen Kummer rasch fortzuspülen, der sie getroffen hatte. Sie mußte eine unendliche Enttäuschung bewältigen, den Verrat

---

1   Vgl. Froese, Wolfgang: Geschichte der Ostsee-Völker und Staaten am Baltischen Meer. Gernsbach: Casimir Katz Verlag, 2002, S. 412/13.

an ihrer großen Jugendliebe. Er war den aufdringlichen Reizen eines leichten Mädchens erlegen, das ihn zu umgarnen und zu fesseln verstanden hatte. Gemeinsame Zukunftspläne und Träume waren zerbrochen und zum Scherbenhaufen geworden.

Aber es gab auch einen Kameraden, der ihr treu zur Seite stand, sie begleitete und auf seine Art etwas trösten konnte. Es war die kluge dänische Dogge, der »Lord«.

Die morgendlichen Spaziergänge am Strand vor der Bürozeit mit ihrem geliebten Lord gaben ihr Kraft für den Tag und Augenblicke ihrer alten Fröhlichkeit zurück. Wenn ein früher Strandgänger die beiden hätte beobachten können, er würde auch seine Freude gehabt haben. Die Spaziergänge am Strand endeten meistens in einem Hindernislauf der beiden, bei dem sie selber die Hürden bildeten. Wenn meine Mutter in die Hocke ging und sich mit gekrümmtem Rücken nach Lord umsah, wußte er, jetzt hieß es laufen und über sie springen und dann selber vorlaufen, sich hinlegen und sie jetzt über sich springen lassen. So ging das dann über eine ganze Strecke den Strand entlang und das Wellenrauschen gab den schäumenden Takt dazu.

Auch sonst war sie in ihrer Freizeit viel am Strand zum Baden und Schwimmen.

Liepāja ist ein schöner Badeort, hat einen breiten Strand mit wunderbar weißem und feinem Sand.

Nach stürmischen Tagen konnte man angespülten Bernstein finden. Damals fiel die Suche oft sehr ergiebig aus. Meine Mutter hat eine lange Kette aus selbst gefundenem Bernstein getragen, mit der ich mich jetzt schmücken kann.

In ihrem Urlaub oder zu Feiertagen, wie Ostern und Pfingsten, zog es sie in die weitere Umgebung hinaus. Sie liebte lange Streifzüge und Wanderungen in der Natur. Immer öfter folgte sie dabei dem Unterlauf des Flusses Riva. An der Küste von Labrags hatte sie dieses schöne Fleckchen Erde entdeckt und sich dort bei immer wiederkehrenden Aufenthalten nicht nur in die schöne Natur verliebt!

Auch eine berufliche Veränderung bei einem interessanten Arbeitgeber haben ihr geholfen, wieder ganz ins seelische Gleichgewicht zu kommen und ihren Frohsinn zurückzugewinnen.

Abendstimmung am Libauer Strand

Als erste Stadt im Baltikum hatte Libau seit 1899 eine elektrische Straßenbahn, eine Tramwai (russisch). Daraus wurde dann Liepājas tramvajs.

Die »Elektrische« und das Elektrizitätswerk waren damals in der Elektrischen Straßenbahn-Gesellschaft eng verbunden. Der Direktor war ein charmanter Franzose, Monsieur Payot.

Dort hatte meine Mutter eine Tätigkeit gefunden, die ihr zusagte, Freude bereitete und sie mehr forderte. Auch da hieß es Berichte und Briefe schreiben, aber viel auf französisch. Sie hatte doch auf dem Gymnasium Französisch gelernt! Es war die erste Fremdsprache im russischen Reich zur Zarenzeit.

Monsieur Payot schätzte ihre Arbeit und sie verehrte ihren Chef.

Sie fuhr auch mit Begeisterung Straßenbahn und mit ihr täglich ins Büro. Dabei tat sie etwas, was man nicht nachmachen sollte: Zu gern sprang sie auf die anfahrende Bahn und schwang sich auf die offene hintere Plattform!

Da mehr und mehr öffentliche Einrichtungen in lettische Verwaltung übergingen, was auch die Elektrische- und Straßenbahn-Gesellschaft betraf, mußten für viele technische Begriffe nun treffende Bezeichnungen in lettischer Sprache gefunden werden.

Bei diesem Begriffsfindungsprozeß hat meine Mutter mit den lettischen Ingenieuren und ihrem französischen Chef engagiert und begeistert mitgearbeitet.

Das ging dann soweit, daß sie auch noch nach ihrer Heirat 1928 eine ganze Weile in Liepāja beschäftigt war.

Durben – Rückblick vor den Ersten Weltkrieg

Einer der vielen Scheffel-Söhne hatte sich seine Braut aus Durben geholt.

Ihre Familie besaß dort ein schönes großes Haus, in dem danach die unverheiratet gebliebene Schwester, das etwas buckelige »Tanting«, weiter schaltete und waltete. Mit ihr wurde Durben zum unvergessenen Feriendomizil für alle Nichten und Neffen, die vielen scheffelschen Vettern und Kusinen. Vor dem Ersten Weltkrieg gab es für sie nichts Schöneres als Sommerferien bei Tanting.

Die Räume unten im Hause waren an eine Judenschule vermietet. Oben tummelte sich die Scheffel-Jugend mit viel Flausen im Kopf, Scherz und Schabernack. Für die Jungen war es ein Hauptspaß, den Unterricht der Judenknaben zu stören.

Zum Ende des Sommers, wenn sich bei den Kastanien schon schöne grüne Früchte gebildet hatten, machten sich die Jungen daran, ähnlich wie bei Max und Moritz, sie an langen Bindfäden zu befestigen. Diese mit den Klopfelementen bestückten Schnüre wurden dann aus dem oberen Stockwerk mit Schwung heruntergelassen, um an die Fenster unten zu klopfen. Zufrieden war der Störtrupp erst, wenn der Rabbi wütend herausgestürmt kam, begleitet von dem Ruf: »Wer hot gekleppt an Fenster mit Kraschtan?«, und so die Übeltäter erwischen wollte! Dieser Ausruf wurde in den scheffelschen

Familien zum geflügelten Wort, wenn es galt, scherzhaft einen Schuldigen ausfindig zu machen.

Die Mädchen waren auch nicht verlegen, wenn es ums Streichespielen ging. Sie hatten sich den Spuk auf dem Friedhof ausgedacht.

Und sie begnügten sich nicht mit Kastanien, ihr Sinn stand nach Größerem, das waren für sie die Kürbisse.

Geeignete große wurden ausgehöhlt und zu Gesichtern verschnitzt. Weitere Requisiten für ihr Vorhaben waren Bettlaken und Kerzen.

Auf der Friedhofsmauer an der Landstraße wandelten die jungen Damen in der Dämmerung, gehüllt in die weißen, im leichten Abendwind wallenden Laken mit weithin leuchtendem Kopfschmuck.

So manchem alten Bäuerlein auf dem Heimweg vom Markt sind die Pferdchen durchgegangen! Nur der Kunst der Wagenlenker war es wohl zu verdanken, daß keiner zu Schaden kam, kein Rad zu Bruch ging beim Galopp über die holperige Straße und kein Wägelchen im Graben landete.

Tagsüber waren die Spukgestalten fröhliche Badenixen. Der durbensche See war dann ihre Domäne.

Vom Boot aus ins Wasser springen, sich sonnen und schwimmen und unbeschwert von Badetextilien es fast den Delfinen gleichtun. Wenn dabei auch ein Sonnenbrand riskiert wurde, ließ sich der mit einer Ganzkörperpackung aus dicker saurer Milch auf einem Heulager schon über Nacht kühlen.

Diese Lustbarkeiten am und auf dem See blieben aber nicht verborgen und riefen einen ganz speziellen Interessenten auf den Plan. Hoch zu Roß und die Büsche am Ufer als Deckung nutzend, erschien der junge Baron als Späher. Immer wieder zog es ihn zum See, die jungen Nixen zu beobachten. Aber die wußten sich zu wehren und dem Spanner das Spähen zu verleiten. Schnell wurden im Stegreif Verse geschmiedet und der »Jungherr« wurde mit Spottliedern überhäuft, die weit über den See schallten und ihn in die Flucht trieben. Auch das Wiederkommen wurde ihm damit vergällt.

Und meine Mutter war die einfallsreichste beim Erfinden der Spottverse!

Hasenpoth – Aizpute

Mein Vater, Edgar Franz, wurde am 12. Dezember 1895 auf Schloß Hasenpoth geboren. Sein Vater wirkte da als Lehrer und Organist im Dienste des Schloßherrn.

Einen weiten Schulweg hatte Edgar nicht zurückzulegen, er erhielt den Unterricht fast zu Hause von seinem Vater.

Den Berufsneigungen entsprechend besuchte mein Vater anschließend die Landwirtschaftsschule in Mitau. Ein kurzes Volontariat folgte danach auf einem großen Hof von Verwandten in Estland, woher auch seine Mutter stammte. Dort wurde hauptsächlich Milchwirtschaft betrieben.

Mein Vater hat auch erzählt, daß er in die Geheimnisse der Käseherstellung eingeweiht wurde, bevor er seinen Wehrdienst im Heer des Zaren ableisten mußte.

Von seinen Kriegserlebnissen nach 1914 bei der Truppe hat er nicht berichtet, dafür um so mehr von den dramatischen Ereignissen während der Revolution in Rußland und seiner Gefangennahme durch die Bolschewiken.

Die Kommunisten haben ihn und seine Kameraden nach Sankt Petersburg, damals schon Petrograd, gebracht und in der Peter-und-Pauls-Festung eingesperrt.

Bei den Gefangenen, die in den letzten Kriegstagen noch verwundet wurden, erkrankt und halb verhungert waren, breitete sich schnell Typhus aus. Die Bewacher waren weder in der Lage, vor allem aber auch nicht gewillt, Hilfe oder medizinische Versorgung zu ermöglichen. Sie wollten sich all dieser siechen, ansteckenden und halb sterbenden Gefangenen einfach entledigen. Alle wurden auf Wagen verladen und aus der Stadt gekarrt. Weit außerhalb dann aufs freie Feld geworfen und »entsorgt«! Dort wurden sie zwischen schon toten Kameraden ihrem Sterben überlassen, nur einzelne konnten vielleicht überleben.

Mein Vater hat es geschafft!

Es gelang ihm, sich kriechend und schleichend von dem Ort des Grauens zu entfernen. Er fand Hilfe und Unterschlupf und konnte sich so mit letzten Kräften bis nach Finnland durchschlagen. Von dort führte der Weg zurück in die Heimat.

Sein Vater muß zu der Zeit schon nicht mehr gelebt haben. Von ihm, meinem Großvater väterlicherseits, kenne ich weder das Geburts- noch das Sterbedatum.

1918, nach Kriegsende und Gründung des Staates Lettland, wurden Güter und Schlösser zum Teil verstaatlicht.

Die letzten Angehörigen der Familie Franz haben, als zum Schloßbereich gehörend, Hasenpoth auch verlassen müssen. Das Schloß wurde später lettisches Gymnasium.

Für meinen Vater waren das Durchlebte der letzten Kriegswochen und die Zeit in der Peter-und-Pauls-Festung entscheidend für den Entschluß, seinen Beruf nicht im Pflügen, Säen und Ernten zu sehen, sondern zum Wohl dieses, seines Landes, sich dem Grenzschutz zur Verfügung zu stellen.

1920 wurde ihm die Station der lettischen Küstenwache an der Mündung des Flusses Riva in die Ostsee übertragen. Es war Labrags – Labragen!

Die Station trug den Namen »Imanta«!

Wann die Namensgebung erfolgte und wer sie veranlaßt hat, ist heute und hier von mir nicht mehr zu ermitteln. Ich kann nur Vermutungen anstellen.

Es gab einen sagenhaften Helden »Imanta«. Er wird in Verbindung mit einer Schlacht am Rigaer Berg 1198 genannt. Seine Gestalt spiegelt wohl das Sehnen der Menschen, vor allem der Bauern wider, daß der Tod weder für die Natur noch für die Menschen ein Ende bedeutet.

Beispiele dafür gab es schon in der Frühzeit: So starb der Gott Osiris und wurde wiedererweckt. In Kanaan lag Baal sieben Jahre unter der Erde; in Griechenland ist es Persephone, die Monate in der Unterwelt verbracht hat, und nicht zuletzt stirbt Christus und aufersteht.[2]

Die endlich freien Menschen im jungen Staat Lettland sahen in Imanta ihren Helden und nahmen ihn als Schutzpatron zum Hüter ihrer Grenze.

So interpretiere ich für mich die Legende und Namensgebung.

Ich habe versucht, diese schöne lettische Ballade von Andrejs Pumpurs in deutscher Sprache wiederzugeben.

---

2   Vgl. Tannahill, Reay, Kulturgeschichte des Essens. München: Dt. Taschenbuchverlag 1979, S. 41 (Dtv 1430).

Imanta

Imanta ist nicht gestorben,
ruht nur wie verzaubert, still,
von den Taten schaffensmüde
unterm blauen Berge dort.

Hindämmernd im gold'nen Schlosse
rostet nicht sein blankes Schwert,
das beim Bruch des Eisenpanzers
wohl zur Flamme werden wird.

Einmal dann, in hundert Jahren,
steigt ein kleiner Zwerg empor,
nachschauend, ob sich der Nebel
um den Berg schon lichten mag.

Und solange blauer Nebel
sichtbar noch am Blauen Berg,
hat voll Sehnsucht tausend Jahre
die Erde Imanta bedeckt.

Wenn des Donnergottes Söhne
aus dem Berge Kugeln schlagen,
wird der Höllenspuk entfliehen
und Er wird zum Schwerte greifen.

Sonnentöchter werden kommen,
werden den dichten Nebel lichten
und die Zeit mit Lichtes Stimme
wird Imanta ins Freie rufen.

(Andrejs Pumpurs, 1874)

»Imanta« wurde die Wirkungsstätte meines Vaters in Labragen.

Er lebte dort aber nicht allein. Er hatte seine Mutter und Schwester Adele zu sich genommen, die dem noch Unverheirateten den Haushalt geführt haben.

Zu der Zeit gab es aber auch schon den einen oder anderen Besucher aus der Stadt, der sich dort in der schönen Natur an der Ostsee einquartiert und Erholung gesucht hat.

Es kam auch eine junge Frau, die diesen Ort entdeckt und für ihren Urlaub ausgesucht hatte. Jautrā jaunkundze no Liepājas, das fröhliche Fräulein aus Libau, war ein gern gesehener Feriengast.

Bei ihren Streifzügen an der Riva und den Wanderungen am Strand wird sie wohl öfter einem Herrn Franz über den Weg gelaufen sein. Zu dessen Aufgaben gehörte es, regelmäßig Kontrollritte an dem Küstenabschnitt zu machen.

Sie wird auch nach Imanta gekommen sein und dort nicht nur die beiden deutschen Damen besucht haben.

Diese Sommeraufenthalte haben sich wiederholt und weitere Kontakte endeten in der Hochzeit der beiden am 22. Juni 1928, rechtzeitig zu Johanni.

Nicht nur für das Fest, auch für ihren Einzug als Ehepaar waren Girlanden und Schmuck aus frischem Birkengrün angebracht worden.

Doch die folgende Zeit, wohl über ein Jahr, blieb es eine Wochenendehe.

Ihr Chef in Libau, Monsieur Payout, der Direktor des Elektrizitätswerkes, konnte auf ihre Mitarbeit nicht verzichten. Es hing mit den abschließenden Arbeiten zur Übergabe des Werkes in völlige lettische Zuständigkeit zusammen.

Als mein Vater nach Pāvilosta versetzt wurde und Labragen verließ, gab es für sie noch kurze Zeit ein Pendlerdasein.

Als Verlobte und baldiges Ehepaar empfehlen sich Edgar Franz, Irma Scheffel.

Das junge Paar empfängt in Imanta seine Gäste
Links stehend: Edgar Franz
Links sitzend: Mutter Luise Franz mit Dackel
Links unten: Schwester Adele Franz
Links daneben: Irma Franz, geb. Scheffel]

Liepāja – Libau 1931

Als meine Mutter, schon Mitte 30, ihrer baldigen Entbindung entgegensah, begab sie sich zu ihrer Mutter, der Witwe des Architekten Friedrich Scheffel, nach Libau, um im dortigen Krankenhaus ihr Kind zu bekommen.

Da konnte sie sich der besten Betreuung durch die bekannte und bewährte Hebamme, Frau Schäwitz, anvertrauen. Zudem war Frau Schäwitz die Mutter ihrer lieben Freundin Marga, die auch meine Patentante wurde; man sagte damals Taufmutter.

Tante Marga war aus ihrer Schulzeit, kurz vor dem Ersten Weltkrieg, beim gemeinsamen Besuch des Libauer russischen Gymnasiums mit Zenta Mauriņa bekannt und befreundet gewesen.

Zenta Mauriņa ist eine bedeutende lettische Essayistin. Sie schrieb Romane und Erzählungen in lettischer und deutscher Sprache, auch philosophische Essays als Interpretin großer Dichter und Denker.

An einem sehr stürmischen Oktobermorgen bin ich zur Welt gekommen, eingebettet in eine wohlbehütete, geistig-poetische Umwelt von Familie und Natur.

Getauft wurde ich in der evangelisch-lutherischen Dreifaltigkeitskirche (Liepājas Trīsvienības Baznīca), in der die deutsche Gemeinde ihre Heimstatt hatte.

In der Zeit war es nicht üblich, sich auch gleich eine Geburtsurkunde oder Taufbescheinigung ausstellen zu lassen. Das konnte immer noch bei Bedarf im Lauf des Lebens erfolgen. Im Baltikum, in Kurland, dem sogenannten »Gottesländchen« wurde das ganz lässig gehandhabt!

So ging es nach meiner Taufe ohne ein amtliches Dokument nach Hause, nach Pāvilosta (Paulshafen), wo mein Vater zu der Zeit als Offizier der Grenzwache stationiert war.

Es konnte ja keiner ahnen, daß für mich, fast ein Jahrzehnt später, eine Geburtsurkunde dringend benötigt wurde und nur noch eine handschriftliche Notausfertigung von dem aus Altersgründen in Libau gebliebenen Pastor Grass im September 1940 zu erhalten war.

Die deutschsprachige Kirchengemeinde hatte sich durch die Umsiedlung, den Fortgang der meisten Baltendeutschen 1939, aufgelöst und existierte nicht mehr. Lettische Ämter und Behörden befanden sich in völliger Auflösung und wurden sowjetisiert.

So blieb Pastor Grass als einziger, der überhaupt noch meine Existenz mit einem Dokument belegen konnte!

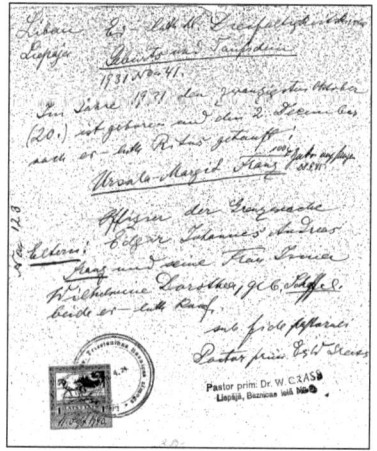

Pāvilosta – Paulshafen

Erster »Alleingang am Strand«

Bestimmte Einzelheiten in Pāvilosta sind mir noch gut im Gedächtnis.

Die Kirche auf der kleinen Anhöhe, die ich von zu Hause kommend hochgestapft bin. Sie gehörte damals wohl zu einer Baptisten-Gemeinde, denn ich habe von weitem eine Erwachsenentaufe beobachtet. Junge Frauen wurden in ihren weißen Kleidern ganz in den Fluß getaucht.

Dann die Holzbrücke über die Saka, die irgendwie auf dem Wasser zu schwimmen schien. Sehr beeindruckt war ich immer wieder, wenn sie in der Mitte langsam auseinandergezogen wurde, um einem Fischerboot die Durchfahrt zum Meer frei zu geben. Über diese Brücke gelangte man zu einer Art Insel oder Halbinsel, die mit hohen Bäumen bestanden war. Unter denen leuchtete im Frühjahr ein gelbes Meer unzähliger Schlüsselblumen und stand ein heller Pavillon.

Zu diesem Gebäude hat meine Mutter mich öfter mitgenommen. Es war eine Einrichtung vom lettischen Roten Kreuz, eine Art Gesundheitsstation. Sie wurde von einer jungen Frau in hübscher Schwesterntracht geleitet. Es gab da für die Bevölkerung Gesundheitsberatung und Hinweise zur gesunden Ernährung.

In einer Theke mit eingelassenen gläsernen Schaukästen lagen aus Zelluloid nachgebildete hübsche Mohrrüben, runde rote Tomaten, schöne gelbe Äpfel und anderes Obst sowie kleine Schälchen mit fertigen Gerichten.

Eins mit grünem Inhalt: Spinat!

Besonders gesund für Kinder!

Spinat habe ich verabscheut und ihn oft zu essen verweigert, obwohl er bei uns mit Sauerampfer verfeinert wurde.

Sauerampfer liebte ich! Als kräftige Suppe in Fleischbrühe gekocht mit Graupen und Kartoffeln oder süßsauer mit kleinen Eier-»Klimpen« als erfrischende Kaltschale an heißen Sommertagen.

Während ich alle diese Schauobjekte bewundern konnte, beriet sich meine Mutter mit der Schwester über Wohltätigkeits-Angelegenheiten.

Meine Mutter war im Vorstand des Vereins und beim jährlichen Fest wurde auch ein Basar veranstaltet mit dem Erlös für Bedürftige.

Einmal ging es darum, Werbeplakate zu gestalten, und meine Mutter konnte gut zeichnen.

Eins ist mir bis heute bildhaft vor Augen. Es stellte einen jungen Burschen dar, rauchend, die Schirmmütze keck auf einem Ohr mit der Unterschrift (akustisch wiedergegeben):

»Pipīgs puiks no Pariz'
pīpa papiross.«

Solche Verschen liebte ich schon als Kind und konnte sie mir gut merken.

Mit dieser etwas zungenbrecherischen Sprachkonstruktion neben der Zeichnung sollte für einen einträglichen Verkauf von Zigaretten geworben werden.

Etwas schemenhaft ist mir ein weiteres Plakat in Erinnerung, auf dem eine blonde junge Frau mit einem Milchglas in der Hand zu sehen ist, die für ein gesundes Getränk am Milchausschank wirbt.

Das jährliche Wohltätigkeitsfest war ein wichtiges gesellschaftliches Ereignis bei dem sonst so beschaulichen Leben in dem kleinen Fischerstädtchen.

Aber der lettische Nationalfeiertag Mitte Mai darf nicht vergessen werden! Der wurde mit klingendem Spiel und einem Festumzug auf der Straße entlang des Flusses Saka begangen. Oft war kühles Regenwetter an dem Tage, aber man mußte hingehen und den Umzug ansehen! Vor allem ich mußte ihn sehen! Möglichst nahe am Straßenrand, um auch entdecken zu können, in welcher Reihe mein Vater mitmarschiert. Meine Mutter und Großmutter zogen es vor, auf dem Weg der Anhöhe zur Kirche dem Zug zu folgen.

Aus den Pāviloster-Jahren gibt es von meinem Vater zu berichten, daß er einer Schmugglerbande auf der Spur war. Schon länger gab es bei der Küstenwache den Verdacht, daß über die Saka von Pāvilosta aus zur Ostsee Waffen und Munition geschmuggelt wurden. Meinem

Vater gelang es, diese Männer beim Verladen von Gewehren auf ein Fischerboot zu erwischen. Er wurde dafür mit der Auszeichnung »Par centību« geehrt.

Diesen Orden sowie weitere Erinnerungsstücke, Dokumente und Fotos, meinen Vater und Großvater betreffend, erhielt das Libauer Museum »Liepājas Muzejs« von mir als Schenkung. Diese Objekte wurden zu Beginn des Jahres 2017 an die Museumsdirektorin Frau Dace Kārkla übergeben.

Zu erwähnen wäre noch, daß aus dieser Zeit Vaters Freundschaft mit dem Schnapsfabrikanten Sedliņš stammt, einem reichen Geschäftsmann aus der Pāviloster-Gegend. Der kam mit seiner Frau in einer schönen lackglänzenden Limousine uns öfter besuchen.

Zu Ostern 1934 weilte meine Großmutter, Omi Scheffel, bei uns und auch Sedliņš kamen angefahren. Diesmal waren sie zu dritt, denn Frau Sedliņš' Zwillingsschwester Irene war mitgekommen. Während die drei Damen sich mit meiner Mutter und mir zu einem Osterspaziergang an den Strand zu den Seetanghaufen aufgemacht haben, hatten sich die beiden Herren zu einem Gespräch zurückgezogen. Oft wurden bei solchen Gesprächen auch die neuesten Destillate probiert. In solchem Falle mußte sich für die Rückfahrt dann seine Frau ans Steuer setzen.

In der Festschrift »Mūsu Pāvilosta« von 1999, mit der geschichtlichen Darstellung des kleinen Hafenstädtchens, finden beide Herren mit dem Bezug auf ihre Berufe namentliche Erwähnung, S. 45 und S. 48.

Außer diesen Erinnerungen sind es die starken sinnlichen Eindrücke von der Natur, die ich aus meiner frühen Kindheit in Paulshafen ins Leben mitgenommen habe. Es heulte der Wind um das Haus, übertönt von den rauhen Schreien der Raben und der Möwen. Das Klatschen der Wellen, die Brandung an den großen Steinen der geliebten Mole. Die salzige Luft am Meer, verstärkt durch den herben Geruch des am Strand aufgehäuften Seetangs und der sonnendurchwärmte Sand, in den man sich in den kleinen geschützten Buchten der Dünen schmiegen konnte.

In Pāvilosta – vor der Feldsteinwand des Zoll- und Grenzstationshauses: Vater, Mutter, Großmutter und Kind

Apriķi – Apriken

Roggengelb gefärbte Schaumspritzer trug die Tebra auf ihrem Wasser durch die dichte Waldlandschaft. Sie ist einer der Flüsse wie Eva Mārtuža sie im Gedicht beschreibt.

Auf dem etwas erhöhten Ufer stand einsam ein kleines Häuschen »Mežvagar«, die Waldhüterhütte. Sie beherbergte drei Bewohner, zwei Witwen und ein zahmes Eichhörnchen. Es waren Luise Franz, meine Großmutter, und ihre Tochter Adele, Vaters Schwester, sowie Bužuruncis, das Eichhörnchen. Adele war in der Nähe mit einem sehr viel älteren Fischzüchter verheiratet gewesen, der sie bald allein gelassen hat.

Über einen Trampelpfad durch ein Birkenwäldchen gelangte man zum Hof eines Großbauern, dem das alles gehörte. Wohnrecht im Waldhäuschen hatten die beiden Frauen, weil Adele sich auf dem Hof nützlich machte. Sie war für die Hühnerhaltung zuständig und auch zum Teil für die Erziehung der beiden Töchter. Das gelang ihr recht gut, denn mit ihrem Gitarrenspiel und vielen Liedern war sie gern gesehen und konnte damit bei den Mädchen auch manch ungeliebte Aufgaben durchsetzen. Wenn Tante Adele mit dem Fahrrad zu uns nach Labragen kam, fehlte selten die Gitarre.

Wir dagegen mußten anspannen und mit Pferd und Wagen nach »Mežvagar« fahren.

Für mich war das Eichhörnchen die Attraktion, und gern habe ich auch in der Tebra gebadet.

Leider haben wir nie einen Abstecher nach Aizpute – Hasenpoth gemacht, dem Geburtsort von Vater und Tante Adele. So habe ich auch das Schloß dort nicht gesehen und die Kirche, wo mein Großvater als Lehrer und Organist tätig war und mit seiner Frau Luise und den Kindern gelebt hat.

Labrags – Labragen

**Unsere vom Absturz gefährdete Steilküste. Die Lage prüfen
oben Großmutter Franz und Tante Adele (stehend).**

Ganz im Nordosten von Pāvilostas Region, da, wo die Riva ins Meer mündet, zu Ulmales pagasts, der größeren Gemeinde gehörend, liegt Labrags.

Dieses Stückchen Erde war das Paradies meiner Kindheit.

Die Steilküste der Ostsee hatte bei uns die größte Höhe von 12 bis 16 Metern.

Jedes Jahr nahm sich das Meer ein Stück von dem Land zurück, besonders bei Herbst- und Winterstürmen.

Im Frühjahr, wenn das Tauwetter es zuließ und der Feldweg zum Meer begehbar war, gingen wir nachsehen, wieviel an Boden wir wieder an die See verloren hatten.

Von der Höhe an der Mündung der Riva, entlang der Steilküste führte auch ein befahrbarer Weg sanft abfallend zum kleinen Tal des Flüßchens Ēnava, das auch unseren Besitz begrenzte. Gab es in den früheren Jahren noch etwas über 10 Meter Wiese bis zum abstürzenden Steilufer, so war der Weg im Sommer 1940 schon nicht mehr mit Pferd und Wagen zu benutzen. Auch zu Fuß am Rand war es gefährlich wegen der Überhänge.

Unser Hund mußte das erleben. Bei einem Spaziergang gab durch sein tolles Herumspringen das Erdreich plötzlich nach und bröckelte ab und ließ ihn mit abrutschen. Dank des schnellen Eingreifens meiner Mutter, die sich bäuchlings auf den Boden warf und ihn mit ausgestreckten Armen fassen und hochziehen konnte, wurde er gerettet. Dem Absturz wäre er sonst nicht entgangen. Der fortrieselnde Sand unter seinen wild scharrenden Pfoten gab keinen Halt und hätte ihn in die Tiefe gezogen.

Bei schönem Wetter, wenn das Frühjahr fortgeschritten war, kam Mutters Bruder, mein Onkel Hermann Scheffel, öfter über das Wochenende zum Angeln zu uns. Es kam dann allein mit dem Fahrrad aus Riga. Meistens traf er in der Mittagszeit in Labragen ein. Für mich gab es am angekündigten Tag kein Halten zu Hause. Ich liebte ihn »schrecklich« und mußte ihn unbedingt schon an der Landstraße erwarten! Oft konnte es bis zu einer Stunde dauern, daß ich, im Grase am Grabenrand sitzend, nach ihm Ausschau halten mußte. Eben, wie gesagt, ich liebte ihn sehr!

Auf seiner Radtour war er immer bestens ausgestattet mit Ersatzventilen, Schläuchen etc. Er saß ja auch an der Quelle als Mitarbeiter bei »Kwadrats«, der großen Gummifirma in Riga.

Immer hatte er so ein kleines goldenes Blechschäch-
telchen mit Pannenzubehör bei sich. Den Deckel
schmückte die lettische Fahne. Es gefiel mir sehr, ich
wollte es unbedingt haben und konnte es ihm auch
schließlich abluchsen.

Seine Frau war mit, wenn sie beide bei uns ihren Som-
merurlaub verlebten. Sie war eine stattliche Person und
konnte ganz wundervoll singen. Meistens bei Spazier-
gängen schmetterte sie draußen aus voller Brust: »Ceļ
mani pār’ par Daugāvu …« und »Šalc zaļais mežs un
lakstigala dzied …«

Es waren ihre lettischen Lieblingslieder, in denen sie
den grünen Wald besang und die Nachtigall.

Wie bei einer Nachtigall schallte ihr Gesang bei der
guten Akustik über die Riva, und es ging auch um den
schönen Fährmann, der gebeten wird, über die Daugāva,
die Düna, überzusetzen.

Der Fluß spielte überhaupt eine große Rolle in unserem Leben und bot für mich unvergessene Erlebnisse.

Sie begannen im Sommer, wenn am Abhang die Walderdbeeren reif und leuchtend rot in der Sonne in großer Fülle zu ernten waren. Das Ernten setzte sich dann bei den Brombeeren fort.

Erdbeeren und Brombeeren gab es mit süßer Milch mittags zum Nachtisch, wenn Onkel Hermanns Anglerglück uns als Hauptgericht Fisch bescheren konnte.

Sonst gab es meistens ein Kartoffelgericht und an heißen Tagen unbedingt einen Teller erfrischende, gut gekühlte »saure Grütze«.

Für die Brombeerlese kam unser großes Ruderboot zum Einsatz. Die Brombeeren wuchsen in undurchdringlichen Büschen an Teilen des Ufers mit langen Ranken zum Wasser herabhängend. Die Beeren funkelten wie schwarze Perlen im grünen Laub, von der Sonne mit viel Süße ausgestattet. Vom Boot aus ließ es sich herrlich pflücken, so waren die größten Früchte zu erreichen.

Viel wurde auch genascht bei den Bootsfahren zum Meer, wenn ein kräftiger Ruderer von der badelustigen Verwandtschaft uns an den Brombeeren vorbei zur Mündung gebracht hat. Und gebadet wurde bei uns von Juni bis Oktober. Zuletzt war das Ostseewasser wärmer als die Luft.

Im Herbst hatte die Bootsernte ihre Fortsetzung bei den Nüssen. Auch die Haselbüsche hingen voller Nüsse, gerade zum Wasser hin. Körbe und Beutel wurden gefüllt und im Winter begann das Nüsseknacken. Noch über Weihnachten hinaus reichte der Vorrat.

Das Ufer entlang und den Abhang hinauf standen die Haselnußsträucher. Diese Fülle an Haseln gab unserem Hof den Namen »Lagzdiena« (Haselnußhof).

Auch im Winter war die Riva für uns wichtig. Dann diente der Fluß, zugefroren bei längerer Kälte mit über minus 20 °C als Transportweg für die am Abhang gefällten Bäume. Hinuntergerollt übernahm ein Pferd den weiteren Transport der Stämme flußaufwärts bis zu einer Furt an flacher Uferstelle und weitergezogen über den Schnee bis zum Hof.

Bei solch einem Ereignis mußte ich natürlich dabeisein! Das Zuschauen bei den arbeitenden Männern muß mir bald zu langweilig geworden sein und sie haben mich wohl als störend und im Wege stehend fortgeschickt.

Mein Interesse habe ich dann dem zugefrorenen und verschneiten Fluß zugewandt. Dabei entdeckte ich eine etwa tellergroße freie blanke Stelle. Ob man da durch das klare Eis vielleicht unten Fische sehen und beobachten konnte?

Da sich nach einer Weile nichts tat, nichts rührte und zu sehen war, habe ich nachgeholfen und kräftig mit dem Fuß aufgestampft. Das Eis gab nach und ich hatte ein Bein bis zum Knie im Wasser!

Ich konnte es allein herausziehen und rannte heulend nach Hause. Die Männer riefen mir nach, ich wäre wohl in eine Luftblase getreten, und waren froh, mich losgeworden zu sein.

Meine Mutter entfernte den schon leicht angefrorenen dicken Wollstrumpf. Schelte gab es nicht, der Schreck reichte vollkommen.

Ein Teil des geschlagenen Holzes war für den Verkauf bestimmt.

Ein »Braker« kam zur Begutachtung und um die ungeeigneten Stämme auszusortieren. Holz war für Lettland ein Exportartikel und wurde von Liepāja aus bis nach England verschifft. Den ausgemusterten Rest behielten wir als nötiges Nutzholz für Balken und Bretter, aber vor allem wurde er mit Muskelkraft zersägt und zu Brennholz gehackt.

Wir heizten unser Haus mit Holz und damit wurde auch gekocht.

Wieder aufgetaut, war der Fluß zusätzlicher Wasserlieferant für uns.

Dazu wurde der einachsige Einspänner benutzt. Ein Gefährt, vergleichbar einem Sulky. Nicht so leicht und elegant, sondern sehr robust mit schwerfälligen Rädern und statt des Sitzes für den Jockey eine Spezialhalterung für die große Wassertonne.

Dieses »Wasserfahrzeug« zog das Pferd die kurze Strecke zur Riva. Der Lenker mit langen Leinen ging nebenher, er mußte sich auch nicht die Füße naßmachen.

Das Pferd kannte seine Aufgabe, wußte, wie weit es ins Wasser mußte, wie lange es zu warten hatte, bis der aufgewühlte Sand sich wieder gesetzt, die angekippte Tonne vollgelaufen und damit wieder aufgerichtet war. In kleinem Bogen ging es ans Ufer und auf den Rückweg mit der überschwappenden tropfenden Last.

Der Inhalt der Tonne hatte Trinkwasser-Qualität und kleine muntere Fischlein, die schon mal mitgeschöpft wurden, konnten das nur bestätigen.

Die Riva war ein klarer, fischreicher Fluß, es gab auch Forellen, und im Herbst kamen die Lachse aus dem Meer zum Laichen. Man konnte sie bei ihren hohen Sprüngen über das Wehr von der Brücke aus beobachten. Die einzige Staustufe bei uns war für sie noch überwindbar und dann konnten sie stromaufwärts zum Oberlauf ziehen und dort auf kiesigem Grund Laichgruben anlegen und füllen.

Der lettische Schriftsteller Jānis Jaunsudrabiņš (1877–1962) schrieb über seine Reise entlang der kurischen Ostseeküste. Die Eindrücke von der Landschaft, von Labragen und dem Fluß Riva veröffentlichte er 1932 in einem Beitrag für die Zeitung »Jaunākās Ziņas«. Darin erzählt er auch eine lustige Anekdote, die den passionierten Angler, den damaligen Finanzminister Lettlands, Ringold Kalning betraf.

Der war zum Forellenangeln an die Riva gekommen. Da es ein sehr heißer Tag war, hatte er sich seiner Oberbekleidung entledigt, außerdem trug er eine recht dunkle Sonnenbrille, damit seine kurzsichtigen Augen nicht geblendet würden. So hat er sich einige Schritte in den Fluß begeben, um seine Angel im weiten Bogen auszuwerfen. Er hat auch einen verlockenden Brocken als Köder am Angelhaken befestigt. Dann schaut er ihm nach, wie er weiter stromabwärts gleitet.

Ringold Kalning ist aber nicht allein. Sein Tun wird aufmerksam von einem kleinen Jungen beobachtet, der in gehörigem Abstand durch die Büsche späht.

Und schon hat etwas angebissen, etwas Großes ist am Haken! Sicher eine fette Forelle! Sie zerrt und tobt, sie will sich losreißen. Hoch auf schäumt das spritzende Wasser, während die Angelspule immer schneller gedreht wird, um den Fang einzuholen.

Ganz nahe herangezogen, erkennen des Anglers schwache Augen, daß statt der vermuteten dicken Forelle eine gierige Ente sich den Köder geschnappt hat und am Ende seiner Angelschnur hängt!!

Der Junge sieht das auch und rennt wie um sein Leben nach Hause zur Mutter, laut rufend, daß im Fluß der Teufel mit schwarzen Augen sich ihre Ente geholt hat!

Die Klärung dieses Falles mit der verunglückten Ente muß nicht gerade angenehm gewesen sein.

Aber im Grunde war nicht Kalning schuld, sondern die Ente. Sie hat wohl auch nicht richtig hingesehen, was ihr da vor den Schnabel gekommen war.

Jahre später, es war wohl im Sommer 1937, wir wohnten noch im »Alten Krug«, denn unser neues Haus war noch nicht ganz bezugsfertig, hatte sich hoher Besuch angekündigt. Ringold Kalning wollte wieder nach Labragen kommen.

Er kannte ja dieses schöne Fleckchen Erde, und irgendwoher kannte er auch meinen Vater.

Er kam mit seiner Begleitung zur Krebspartie zu uns. Im Hause herrschte deshalb ganz schön Aufregung.

Schon ein, zwei Tage vorher wurden Krebse gefangen und in der Regentonne gesammelt. Mein Vater wollte vorsorgen, daß es auch für alle beim Picknick reicht.

Ob Ringold Kalning dann selbst auch noch einige dazugefangen hat, ist unbekannt.

Unbekannt war mir auch die Enten-Angel-Anekdote. Sicher wurde über diese doch etwas peinliche Angelegenheit Stillschweigen bewahrt.

Mich interessierten die in der Tonne herumkrabbelnden Krebse. Meine Mutter hat mir erklärt, wo man sie anfassen muß und greifen kann, damit sie einem nicht mit ihren Scheren schmerzhaft in die Finger zwicken.

Als der Besuch da war und die Krebse gekocht werden sollten, wurde ich aus der Küche geschickt. Ich sollte nicht mit ansehen, wie sie bei lebendigem Leibe ins siedende Wasser in den großen Kessel geworfen wurden.

Dafür durfte ich den Gast begrüßen und ihm »Lab dien« sagen. Dazu habe ich meinen schönsten Knicks gemacht, der wohl auch am englischen Königshofe hätte bestehen können.

Überhaupt muß ich noch berichten, wie es dazu gekommen war, daß wir, Vater, Mutter und Kind, aus Pāvilosta nach Labragen ziehen konnten.

Der lettische Staat hatte eine Verordnung erlassen, nach der seine Bediensteten im Beamtenstatus nach Ausscheiden aus dem Berufsleben Vorsorge für ihr Alter treffen konnten. Es wurde ihnen ermöglicht, Landbesitz zu erwerben und eine Baugenehmigung sowie einen staatlichen Kredit zu erhalten.

Wenn das Pensionsalter erreicht war und sie aus dem Staatsdienst ausschieden, sicherte ihnen die Bewirtschaftung einer »Jaunsaimnieciba«, eines Neubauernhofes, ein eigenes Auskommen und einen Alterssitz.

Da sich mein Vater aus seiner Zeit in Imanta in der Umgebung des Flusses Riva auskannte und dieses Fleckchen Erde liebte, bemühte er sich, dort in der Gemeinde Ulmale ansässig zu werden.

Und er hatte Glück! Er erhielt Land und es konnte gebaut werden!

Es trat auch noch ein Glücksumstand ein: Der Sitz der Grenzstation konnte wieder nach Labragen verlegt werden. So wurde es auch möglich, das Baugeschehen aus der Nähe zu leiten und zu beaufsichtigen.

Imanta gab es aber nicht mehr!

Dieses Fleckchen Erde hat wohl den Namen behalten, doch es war nichts mehr da von früher.

Auf der Suche nach geeigneten Räumen konnten sie im Westteil des langgestreckten Hauses vom »Alten Krug« gefunden werden.

»Vecais krogs« wurde unsere vorübergehende, aber

doch einige Jahre währende Behausung bis zur Einzugsmöglichkeit ins neue, eigene Haus.

Der »Alte Krug« war wohl in lange vergangenen Tagen Wirtshaus und Unterkunft für Durchfahrende, die Station machen und sich stärken wollten.

Jetzt wurden seine zahlreichen Räume als Wohnungen für mehrere Familien genutzt; uns stand der westliche Teil zur Verfügung. Es gab Eingänge von beiden Seiten über angebaute Terrassen.

Der Haupteingang war hinten und man kam in einen geräumigen Vorraum, wo sich der große Steinbackofen befand. Alle Bewohner konnten sich in ihm nach Absprache ihr Brot backen.

Bei uns war ungefähr alle 14 Tage Backtag, je nach Bedarf. Dann wurde schon am Vorabend in der daneben liegenden Küche der Sauerteig im Backtrog angerichtet.

Unter diesen Räumen gab es einen Keller. Sicher lagerten da früher die Bierfässer und Vorräte für das Wirtshaus.

Jetzt befanden sich da unsere Tonnen mit Sauerkohl und eingelegten sauren Gurken. Die Birkwasserflaschen standen im Kühlen sowie die Kartoffeln für uns und Mohrrüben, eingeschlagen in einer Kiste mit feinem Sand.

Durch die Küche ging man weiter in unser Wohnzimmer. Gleich an der Tür stand der große Eßtisch für die ganze Familie und er reichte auch für Gäste, denn er ließ sich noch für zwölf Personen ausziehen.

Über ihm sorgte die Petroleumhängelampe für gute abendliche Beleuchtung.

Anschließend kam man in Vaters Arbeitszimmer mit dem Schreibtisch, Gewehrschrank und Telefon.

Aus diesem Zimmer führte eine Tür über die zweite Terrasse auch ins Freie. Sie blieb jedoch die meiste Zeit verschlossen. Nur im Sommer ging man durch sie hinaus oder zum Kaffeetrinken dort.

Ich saß gern mit Omi auf der Terrasse beim Kartenspiel. Vom Schlafzimmer aus durch die vom wilden Wein umrankten Fenster konnte man uns dabei zusehen.

Zum Schlafzimmer, diesem letzten Raum unserer Wohnung auf der anderen Hausseite, gelangte man quasi um die Ecken der anderen Zimmer.

Der mittlere Teil vom »Alten Krug« beherbergte den alten Strauss mit seiner Frau. Sie benutzten auch den Zugang durch die Haustür hinten und unseren Vorraum, vorbei am Backofen zu ihrer Wohnung.

Dem alten Strauss gehörte eine wunderbare Wiese. Über diese Wiese konnten wir auf einem Trampelpfad direkt hinten auf unseren Hof kommen.

Über den breiten Platz hinter dem »Alten Krug« mußte man gehen. Auf der linken Seite am Abhang in Richtung Riva lagerten ungesägte Baumstämme, und schon fertig gehacktes Brennholz war aufgestapelt in hohen runden Haufen.

Rechts waren die Gemüsebeete und wuchsen Gartenkräuter, vor allem Dill, der reichlich vorhanden sein mußte zum Einlegen der Gurken. Dabei konkurrierte der Dill im Hochwachsen mit dem großköpfigen blaßblauen Mohn.

Dann kam der Wäscheplatz mit seinen Pfählen und den

daran straff gespannten rostfreien Drähten. Da flatterten die Bettlaken im frischen Ostseewind oder sie wurden auf der kurz gehaltenen Grasfläche zum Bleichen ausgelegt.

Begrenzt wurde dieses Gelände hinter dem »Alten Krug« durch den früheren Verlauf der Landstraße mit ihren hochgewachsenen Schwarzerlen als Baumallee. Sie vereinten ihre Kronen zu einem domartigen Gang, der kaum Sonnenstrahlen durchließ und im Dämmerlicht lag.

Auf dieser unbenutzten und sich selbst überlassenen Strecke roch es modrig nach abgestorbenen Ästen und faulem Laub. Dieser Geruch wurde noch verstärkt durch den penetranten üblen Gestank der Stinkmorcheln, wenn die sich voll entfaltet hatten und dort zahlreich waren. Schnell haben wir immer diese ehemalige Straßenführung überquert und sind durch die von uns freigehaltene Erlengebüschlücke geschlüpft.

Dann öffnete sich der Blick auf Strauss' Wiese in ihrer vollen Pracht! Eine wahre Symphonie aus Farben und Blüten und deren warmem Duft. Sie wurde auch nur einmal im Sommer gemäht, so konnten sich alle Blumen weiter aussähen.

In dichten Büscheln standen gelbe und weiße Margariten, die den roten Klee überragten. Dazwischen leuchteten zart die rosa Kuckuckslichtnelken. Der Hahnenfuß mit seinem goldgelben Köpfchen reckte sich zwischen dem Frauenmantel hervor, in dessen großen gezackten Blättern wie in kleinen Schalen Tautropfen schimmerten. Das gelbe Labkraut mit seinen reichblütigen Rispen verströmte süßen Honigduft. Herrliche Blumensträuße ließen sich davon pflücken!

Den fußbreiten Trampelpfad säumten Breit- und Spitz-
wegerich. Die Blätter des Breitwegerichs eigneten sich
gut zum Auflegen auf wundgescheuerte Stellen an der
Ferse, wenn man statt barfuß zu gehen Sandalen mit
drückenden Riemchen angehabt hatte.

Der Grenzgraben, den man am Ende des Pfades auf
einem Brettersteg überquerte, hatte an seinen breiten
Rändern schöne Schlüsselblumen und ganze Flächen
dicht wachsender duftender blauer Veilchen.

Oft hat mich Maija auf diesen Weg mitgenommen,
wenn sie zum Arbeiten auf den Hof ging.

Sie gab mir auch den weißemaillierten Melkeimer zu
tragen, damit man sehen sollte, daß ich schon ein tüch-
tiges kleines Mädchen wäre. Daß meine Tüchtigkeit im
Tragen des leeren Eimers bestand, würde man von weitem ja nicht sehen können, meinte sie.

Selbst schleppte sie den vollen Eimer mit den
Küchenabfällen für die dicke Sau. Die dicke Sau war
ein freundliches Tier, es ließ sich gern hinter den Ohren
kraulen und grunzte wohlig dabei.

Auch Avotiṇ (dt. Quellchen), meine Lieblingskuh,
mußte gestreichelt werden, bevor sie auf die Weide hinter
den Stall geführt und zum Abgrasen angepflockt wurde.
Ihre Milch schmeckte mir am besten.

Morgens, gleich nach dem Aufwachen, rief ich: »Maija,
pieniṇ!« (Maija, Milch!), noch bevor es ans Waschen,
Zähneputzen, Kämmen und Zöpfeflechten ging. Wo-
bei ich für letzteres die Dienstleistung meiner Mutter
beanspruchte.

Ich weiß noch genau, daß ich mich einmal weigerte,

eine andere Milch zu trinken, weil ihre Milchquelle für uns versiegt war, denn sie sollte ein Kälbchen bekommen. »Das ist nicht Avotiņs Milch«, habe ich gerufen. Es war für mich ein fremder Geschmack, den Unterschied habe ich sofort gemerkt!

Während Maija ihrer Arbeit im Stall nachging, hatte ich auch zu tun. Ich mußte nachsehen, wie viel frischgelegte Eier schon zum Mitnehmen dalagen. Manchmal saß noch eine weiße Leghornhenne auf ihrer Mulde. Dann habe ich gewartet, bis sie mit großem Gekakel angezeigt hat, daß ihr Geschäft erledigt und das Ei im Stroh ist. Ich konnte inzwischen ja die Glucke mit ihren Kücken besuchen und versuchen herauszufinden, welches ein Hähnchen werden würde.

Die Glucke war mit ihrer Kinderschar draußen in einem kleinen Auslauf, einer Einzäunung an der Stallwand, die oben mit einem Netz abgedeckt war.

Ein Habicht kreiste oft über unserem Hof, Ausschau haltend, ob sich leichte Beute greifen ließ.

Bevor das Netz gespannt war, habe ich eine sehr dramatische Situation miterlebt.

Als ich nämlich gerade draußen hinter dem Stall dabei war, meine speziellen Stellen zu inspizieren, ob es etwas zu entdecken gäbe, hörte ich plötzlich ein fürchterliches Spektakel mit Flügelschlagen und Hennenkreischen.

Ich lief um die Ecke und es bot sich mir eine echte Kampfszene: Der Habicht versuchte sich im Flug nach unten auf die Kücken zu stürzen. Die Glucke schwang sich flügelschlagend ihm entgegen, ihre Kinderschar verteidigend. Gut, daß ich zur Stelle war und ihn vertreiben konnte! Vielleicht hätte er sich sonst doch noch ein Kücken geholt!

Auch wenn nicht immer so ein Drama mitzuerleben war, war ich doch meistens reichlich beschäftigt, bis Maija ihre Arbeit erledigt hatte.

Das Baugeschehen an unserem neuen Haus und was die Handwerker da machten, habe ich mir natürlich auch angesehen, aber es hat mich weniger interessiert.

Auf dem Rückweg lief ich freihändig neben Maija her, denn den Korb mit den Eiern trug sie lieber selbst.

Mit Maija war ich sehr gern zusammen, sie war eines unserer Mädchen, das ich am liebsten mochte. Sie war auch die jüngste von ihnen, noch nicht zwanzig Jahre alt; die anderen haben uns bald durch Heirat verlassen.

Maija war immer fröhlich, sang viel bei der Arbeit und hat mir auch schöne lettische Lieder beigebracht.

Allein in der Küche sang sie auch traurig ergreifende Balladen von Liebessehnsucht, verlassenen Waisenkindern und verlorenen Söhnen.

Aber in der Regel herrschte frohes Treiben in unserer Küche. Sie tanzte auch gern und mit mir den Pastalnieki-Tanz:

Tūdalin, tāgadin
pastalnieki danco
  cits ar kurpēm
  cits ar zeķēm,
  cits ar basām kājām.

»Tūdalin, tāgadin« läßt sich nicht übersetzen, hat keinen Wortsinn, im Takt wie: Einmal hin, einmal her …

»Pastala« ist ein ganz spezieller lederner Bauernschuh.

Im Lied wird genannt, was diese Leute, die Pastalnieki, so anhaben beim Tanzen, oder auch nicht!

ein anderer mit Schuhen,
ein anderer auf Socken,
ein anderer mit bloßen Füßen,

dabei hält man sich an den Händen und macht zuerst, noch langsam, zwei Schritte nach links, zwei nach rechts, dann wird aufgestampft und bei »cits« wird man immer schneller und im Polkaschritt geht es in die Runde.

Meine Begeisterung dabei kannte keine Grenzen, ich konnte diesen Tanz mit ihr in der Küche bis zum Umfallen machen!

Aber nicht immer ging es so ausgelassen zu, wirklich umgefallen wurde dort auch schon mal, manchmal floß auch Blut und es floß Jod! Daran war dann meine Mutter beteiligt. Sie stand im Ruf, daß sie Kranken und Verletzten helfen konnte und sich medizinisch auskannte.

Einmal kam ein Hütejunge zu uns angehumpelt, der sich barfuß eine Glasscherbe eingetreten hatte. Meine Mutter konnte sie mit der Pinzette entfernen und, wie damals üblich, wurde mit viel Jod desinfiziert, bevor es einen schönen Verband gab.

Ein andermal habe ich miterlebt, wie eine junge Frau

von ihr versorgt wurde, die eine Eiterbeule am Finger hatte. Einen Dorn oder Splitter hatte sie sich bei der Arbeit eingerissen und er war verschmutzt und nicht entfernt worden.

Dazu mußte ein kleines Küchenmesser über der Herdflamme steril gemacht werden, um den Eiterkopf aufzuschneiden. Das hat die Nachbarin noch gut ausgehalten, als aber das Jod zum Einsatz kam, schwanden ihr die Sinne und sie kippte unter den Küchentisch.

So hat meine Mutter manchen geholfen und kleinere Verletzungen behandelt. Unsere Hausapotheke war umfangreich und gut bestückt, vor allem mit Verbandszeug und die Jodflasche stand immer daneben.

Die letzte Wohnung im »Alten Krug« lag an der östlichen Giebelseite und hatte dort ihren Eingang. Sie wurde bewohnt von Meier-Sief und seiner Frau; sie waren aber selten anzutreffen.

Meier-Sief war ein wichtiger und vielbeschäftigter Mann. Er führte den Gemischtwarenladen an der Ēnava und versorgte seine Kunden mit einem sehr guten und umfangreichen Warenangebot.

Damit hätte ich den »Alten Krug« zu meiner Kinderzeit mit allen seinen Bewohnern vorgestellt.

Unbedingt erwähnen muß ich noch, daß er an seiner ganzen Längsseite zur Landstraße hin durch eine breite, dicht belaubte Fliederhecke vor Staub und Fahrgeräuschen abgeschirmt wurde.

Ende Mai und im Juni war es ein lila Blütenmeer voller Duft, der uns dann auch auf der Terrasse einhüllte. Im Winter, wenn die Zweige mit Rauhreif oder Schnee bedeckt waren, wirkte die Hecke wie ein märchenhafter weißer Schutzwall, durch den Licht aus den erhellten Fenstern schimmerte.

Geschichten aus dem »Alten Krug«

Die großen Steine der Mole

In der ersten Zeit, als wir nach Labragen gezogen waren und im »Alten Krug« wohnten, habe ich Paulshafen sehr vermißt.

Weniger den Ort, aber die alte, vertraute Umgebung. Das Haus am Anfang der Mole, die Grenz- oder Zollstation, in der wir dort gelebt haben.

Auf der einen Seite floß der Fluß Saka fast unter unseren Fenstern vorbei, entlang der Mole zu seiner Mündung ins Meer.

Meine Mutter ist manchmal gleich nach dem Aufstehen, kaum, daß sie sich des Nachthemds entledigt hatte, in die Saka zu Morgenbad und Erfrischung gesprungen. Sie war eine sehr gute Schwimmerin.

Das Meer war immer ganz nah, seine Brandung mit Rauschen und Brausen, dem wilden Schlagen der schäumenden Wellen an die steinerne Mole. Mir fehlte der Wind, das rauhe Rufen der Seevögel und der herbe Geruch des Seetangs. Das alles hat mein Laufenlernen begleitet.

In Labragen hatten wir auch einen Fluß in Sichtweite, die Riva. Ihr Rauschen vom Wehr her hatte einen ganz anderen Klang, wenn sich ihr gestautes Wasser durch die beiden großen Röhren in die Tiefe ergoß.

Aber vor allem fehlte mir meine geliebte Mole mit den wunderbar großen Steinen. An der Hand meiner Mutter konnte ich auf ihnen herrlich entlanghüpfen. Ja, meine geliebte Mole vermißte ich am meisten!

Eines Tages habe ich mir dann heimlich, still und leise meine eigene Mole gebaut!

Zur damaligen Zeit gab es allgemein noch nicht die Möglichkeit, sich Radiomusik einzuschalten. Man mußte selber musizieren oder sich bei bestimmten Gelegenheiten aufspielen lassen. Oder meine Tante Adele kam, die den Gesang auf ihrer Gitarre begleiten konnte.

Doch wir waren nicht ohne Musik, Gesang und Lieder. Meine Eltern besaßen ein Grammophon und eine schöne Schellackplattensammlung.

Es waren Aufnahmen von Richard Tauber dabei und das von mir so gemochte »Adieu, mein kleiner Gardeoffizier«!

Sakas novads

Blick über die Saka auf eine Seite der Mole

Dieser Grammophonplattenschatz befand sich gut aufbewahrt unten in einem Schränkchen im Schlafzimmer.

Ob mich die großen runden Platten zu meinem Tun inspiriert hatten?

Eines Tages habe in diesem, weit hinten in der Wohnung gelegenen Schlafzimmer die Platten auf dem Fußboden zum Hüpfen ausgelegt und Mole gespielt. Die haben sich aber nicht so trittfest erwiesen wie die Steine in Paulshafen! Den »Kleinen Gardeoffizier« muß ich wohl geschont haben, er war weiter zu hören.

Die Pfefferkuchenbäckerei

Damals muß ich noch recht klein gewesen sein, kurz vor Weihnachten, nachdem wir aus Paulshafen nach Labragen gezogen waren.

Meine Mutter und Maija, unser neues Mädchen, waren wohlgerüstet.

Der große Küchentisch am Fenster war leer geräumt. Da standen das Mehl und für jede ein Nudelholz zum Ausrollen. Viele Ausstechformen gab es und zwei kohlkopfgroße Teigkugeln, die schon vor einer Woche bereitet worden waren und wegen der Pottasche so lange zu ruhen hatten.

Jetzt lagen sie nach Honig und Gewürzen duftend zur Bearbeitung bereit.

Schöne Sterne, Tannenbäume und Tierfiguren sollten es werden.

Maija hat mir ein Stück ausgerollten Teig zugeschoben und nahm die Reste zum Neuverkneten zurück.

Es blieben aber immer Krümel übrig, die man naschen konnte, sie schmeckten so herrlich süß und würzig!

Bei den Sternen mußte man kräftig drücken, hatte auf ordentliche Spitzen zu achten und daß bei der Vogelform der Schnabel nicht abreißt!

Viel Teig blieb auch an den Fingern kleben, der wurde am besten abgeleckt.

Es füllte sich ein Backblech nach dem anderen und ich war eifrig dabei, bis ich nach einiger Zeit immer langsamer wurde.

Den beiden Frauen ist es nicht gleich aufgefallen, sie waren sehr beschäftigt. Der große Backofen war vorgeheizt und es mußte zügig vorangehen.

Plötzlich hing ich wie ein Sack auf dem Stuhl mit dem Kopf an der Lehne, keuchend und mit ganz verdrehten Augen!

Was war passiert?

Meiner Mutter war gleich klar, daß ich zu viel von dem rohen Pfefferkuchenteig gegessen und eine Kolik bekommen hatte. Es ging mir immer schlechter, ich war kaum ansprechbar!

Dr. Löwenstein mußte kommen, der Hausarzt aus dem Nachbarort Jūrkalne. Wir hatten Telefon und er konnte angerufen werden. Leider war nur seine Frau am Apparat, der Doktor war zu einer schwierigen Geburt unterwegs.

In ihrer Verzweiflung fiel meiner Mutter der Viehdoktor ein.

Als Veterinär kannte der sich doch mit Koliken aus!

Er war auch sofort bereit zu kommen und mit seinem Motorrad schnell zur Stelle.

Seine Behandlungsmethode war in meinem Falle sicher ungewöhnlich, aber hilfreich: Mit dem Kopf nach unten, an den Beinen festgehalten, wurde ich kräftig geschüttelt, so daß ich eine Menge Genaschtes wieder von mir gegeben habe. Danach sahen meine Augen wieder geradeaus und ich war ansprechbar.

Was er sonst noch angewendet hat oder verordnet, weiß ich nicht mehr.

Aber eins ist sicher, daß der Viehdoktor mich gerettet hat!

Doch bis heute hält sich meine Lust auf Pfefferkuchen in Grenzen.

Großmütter

Meine Großmütter kamen uns in Labragen besuchen. Die eine aus Libau kam jedes Jahr und blieb bis September. Die andere aus Apriken kam weniger oft und fuhr bald wieder.

Beide hießen sie Luise, aber das war auch die einzige Gemeinsamkeit.

Großmutter Franz, die Großmama, war streng und hatte viel an mir zu tadeln: daß ich Frösche fangen konnte und auf Bäume und aus dem Fenster klettern, um dann mit zerrissenem Strumpf und angeschmutzten Kleidchen nach Hause zu kommen.

Überhaupt, daß ich weniger mit Puppen spielte, dafür lieber draußen herumstrolchte. Dort habe ich mir dann einmal zu ihrem Entsetzen zur geschenkten Schokolade Radieschen aus dem Gemüsebeet gezogen und beides zusammen mit großem Behagen verspeist.

Dann hat sie mir auch eine ungeheure Schlechtigkeit zugetraut! Sie hat mich verdächtigt, nachts ihren »Ohnmachtshappen« gemaust und aufgegessen zu haben.

Sie pflegte sich immer etwas Eßbares für den Notfall ans Bett zu stellen. In dem Falle war es ein übriggebliebener Eierkuchen. Als sie nachts wach geworden war und danach getastet hat, war da nichts! Die von ihr dann angezündete Kerze auf dem Tischchen zeigte eindeutig: Der Teller war leer!

Am nächsten Morgen gab es einen großen Aufstand und eine heftige Auseinandersetzung mit meiner Mutter.

Da ich es aber nicht gewesen sein konnte, überlegte meine Mutter. Ihr kriminalistischer Spürsinn brachte sie auf die richtige Fährte.

Die führte nämlich geradewegs unter dem Sofa zum Mauseloch in der Wand, wo auch noch ein Stückchen Eierkuchen liegengeblieben war!

Was das »Mausen« betraf, da hat die Großmama allerdings recht behalten!

Meine Großmutter Luise Scheffel, meine liebe Omi, erwarteten wir bei uns Mitte Mai, vor ihrem Geburtstag. Sie blieb zu meiner Freude den ganzen Sommer.

Hand in Hand sind wir immer losgezogen, an den Strand oder zum Fluß. In den wir auch bis zu den Knien hineingestiegen sind, wenn es uns zu warm geworden war. Ich mußte sie führen und auf Stolperstellen achten, denn sie sah nicht mehr gut.

Sie konnte mir auch nichts mehr vorlesen, ihre Augen waren zu schwach. Dafür hat sie mir aber viele Märchen erzählt und kleine lustige Verschen und Kinderreime beigebracht.

Immer umgab sie ein leichter feiner Maiglöckchenduft, ihr Lieblingsparfüm.

Zu ihren Blusen und Kleidern trug sie stets ein weißes Spitzenjabot am Kragen, das mit einer goldenen Brosche geschmückt war. Diese Brosche war besonders interessant. Sie stellte als feinen Stab das Zepter dar, als Abschluß eine ziselierte Krone, das Herrschaftssymbol, und an einem Kettchen hing in der Mitte der Reichsapfel.

Es war ein Geschenk meines Großvaters, das er ihr von seinen Reisen nach Lübeck aus dem Deutschen Reich mitgebracht hat. Und ein anderes Geschenk von ihm trug sie am kleinen Finger, einen zarten Goldring mit einem runden erhabenen Saphir in der Mitte; es war ihr Verlobungsring.

Ich habe den Ring zu meiner Konfirmation erhalten.

Wenn wir uns beim Kartenspielen gegenübersaßen, konnte ich oft diese Pretiosen an ihr bewundern.

Wir beide haben gerne und viel zu den Karten gegriffen. Sie wurden in einem Kästchen auf dem Fensterbrett aufbewahrt. Wenn man den Deckel aufklappte, lag da auch immer ein süßer Preis für die Gewinnerin.

Das war fast immer ich!

Denn trotz aller Erfahrung mit dem Kartenblatt, den

Bildern und Farben, hat die Omi, nicht so gut sehend, doch die falsche Karte gegriffen und mir damit zum Sieg und dem süßen Gewinn verholfen.

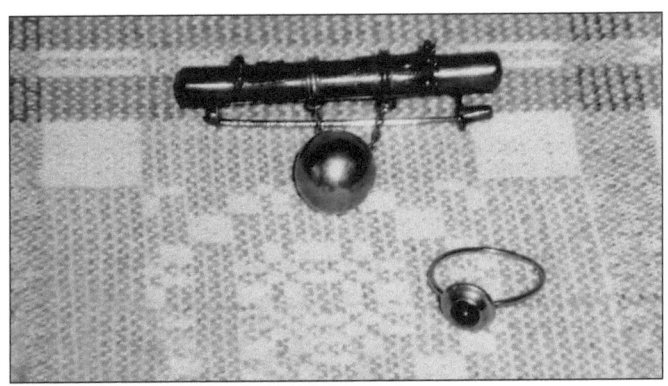

Es war ein dicker Sahnebonbon, eingewickelt in ein Papier mit dem Bild einer schwarz-weißen Kuh, ein von mir so geliebtes »Kuhchen«.

Nach dem Spielen legten wir die Karten in das ganz leere Kästchen zurück.

Dieses Kästchen mußte Wunderkräfte besitzen, dachte ich, denn am nächsten Tag beim Öffnen lag da, wie von Zauberhand, wieder ein Kuhchen!

Meine Glückssträhne verließ mich aber, wenn meine Großmutter mit ihrer Freundin aus dem Damenstift anreiste, die dann auch ein bis zwei Wochen unser Gast war. Jetzt gab es das Kartenspielen zu dritt und Fräulein Küssner war sehr versiert, was Karten anbetraf. Sie gewann und ich hatte das Nachsehen.

Aber sie versüßte mir die Niederlage durch den Verzicht auf das Kuhchen, das ich zum Trost erhielt. Süß und sahnig ließ ich es in meinem Mund zergehen.

Fräulein Küssner war freundlich und nett zu mir, während ich ihr gegenüber eine gewisse Scheu behielt. Sie war irgendwie geheimnisumwittert, das fand ich sehr spannend. Es hing mit den Herrenbesuchen zusammen.

In regelmäßigen Abständen kam ein sehr distinguierter und gut aussehender älterer Herr ins Stift, sie zu besuchen.

Ich bin ihm einmal dort auf dem Korridor begegnet. Aus dem Flurgeflüster der Damen konnte ich entnehmen, daß es sich um den Konsul eines skandinavischen Landes handeln sollte.

Er soll ihr in jüngeren Jahren sehr nahe gestanden, ihr auch den Stiftplatz vermittelt haben, und daß er sie wohl auch weiter unterstützen würde.

Das erkläre auch ihre Zurückhaltung den anderen Stiftsdamen gegenüber, denn sie hätte sich nur mit der Frau Scheffel angefreundet.

Bei uns zu Hause war das kein Thema und ich traute mich nicht, Fragen zu stellen.

Um so mehr Fragen habe ich ihr gestellt, als sie mich in die Welt der Patiencen eingeführt hat.

Fräulein Küssner hatte auch ihre eigenen Patience-Karten mitgebracht, kleinere und handlichere. Sie beanspruchen weniger Platz als übliche Spielkarten.

Verschiedene, leichtere und schwierigere Patiencen hat sie mir beigebracht.

Die beiden Patience-Freundinnen auf der Terrasse.

Bis heute macht mir diese unterhaltsame Beschäftigung mit den Karten Spaß. Man kann damit gut allein sein und entspannen.

Ich habe gelernt, daß man dazu nicht nur Geduld, sondern vor allem Konzentration, Aufmerksamkeit und Überlegung braucht. Diesbezüglich läßt sich dabei auch die eigene Tagesform testen.

Ich glaube auch, daß Napoleon, der passionierte Patience-Freund, das »Aufgehen« einer Patience mehr als Bestätigung seiner guten Konzentration und geistigen Kondition gesehen hat, und sich damit in bester Form wissend, es auch als Orakel für den Sieg bei der Führung einer Schlacht deuten konnte.

Angler-Latein – Der springende Fisch

Es war ein vielversprechender Sommertag.

Wir hatten wieder Besuch von Mutters Bruder aus Riga.

Schon beim Frühstück verkündete mein Onkel Hermann, daß richtiges Beißwetter wäre, die Fische würden nur so an die Angel springen.

Also sollte es auch gleich zum Fluß gehen. Ich mußte natürlich mit. Vorher wollten wir noch genügend Köder besorgen. Ich half ihm dabei, schöne dicke Regenwürmer auszugraben.

Dann ging es an die Riva. Dieses Mal wollte er sein Anglerglück oberhalb des Wehrs versuchen.

Da ich ein stilles Kind war, nicht so ein Plappermäulchen, das dauernd schwatzen mußte, durfte ich ihn immer begleiten.

Während er sinnend seinen Gedanken nachhing, sein

82

Augenmerk auf die Bewegung des Schwimmers gerichtet, habe ich mich auf meine Art auf der Wiese am Fluß vergnügt.

Vor allem gab es da auch kleine Frösche, die man fangen konnte. Frösche fangen war eine Lieblingsbeschäftigung von mir.

Sie haben so hübsche Augen, wenn man sie ganz nahe ansehen kann. Da sprang dann auch bald ein netter Kleiner, den ich unbedingt haben wollte! Aber der ließ sich nicht so einfach fangen!

Wir hüpften beide auf der Wiese herum. Das alles spielte sich auf der von Onkel Hermann abgewandten Seite ab.

Der kleine Frosch suchte sein Heil in Richtung Fluß. Und schwupps, hatte er ihn erreicht und sprang ins Wasser!

Ich glaubte ihn noch fassen zu können und glitt am lehmig-feuchten Ufer hinterher.

Wir waren nun beide im Wasser! Er war verschwunden und ich trieb, ohne einen Mucks zu sagen, sanft vom Ufer fort.

Ich war mir meiner Schuld bewußt, also habe ich auch nicht geschrien.

Mein Baumwollröckchen bauschte sich wie ein Segel über der Wasseroberfläche und langsam, aber sicher zog es mich in Richtung Wehr.

Ich konnte auch noch nicht schwimmen.

Da, endlich hat Onkel Hermann seinen Blick von der Angel gelöst und in der entgegengesetzten Richtung gesehen, was passiert war!

Er warf im hohen Bogen seine Angel nach mir, erwischte mich am Kleidchen und hat mich so am Haken ans Ufer gezogen. Klatschnaß kroch ich aus dem Wasser.

Onkel Hermann war so wütend, daß er zu schimpfen vergaß!

Er zog mir mein Kleidchen aus und warf es zum Trocknen über einen Busch.

Ich saß im Unterzeug auf der Wiese zwischen blau-blühenden Polstern von wilder Minze voller Bienengesumm und wartete auf das Trockenwerden.

Es war inzwischen fast Mittag geworden und an der Zeit, nach Hause zu gehen. Das feuchtwarme Wetter war wenig geeignet, Kleider zu trocknen.

Ich mußte mich anziehen, auch wenn alles noch etwas feucht war. Das schon trocknere Röckchen sah recht zerknittert aus, wenn ich so an mir heruntergesehen habe.

»Du bist still!« befahl mir mein Onkel.

Zu Hause, im »Alten Krug« angekommen, sah meine Mutter uns fragend an.

Keinen Fisch gefangen, dafür das Kind etwas verstört und ramponiert.

Die Erklärung von meinem Onkel war, daß ein großer Hecht sich von der Angel losgerissen hätte und mit Wucht zurück ins Wasser gesprungen wäre. Ich hätte gerade dort gestanden und wurde völlig naß gespritzt!

Meine Mutter hörte sich das an, doch ihr Blick sagte alles!!

Und für mich war die Angelbegleitung ein für allemal vorbei!

Sommergewitter

Es konnte abends noch recht kalt werden, wenn zur Sonnenwendfeier nach altem Brauch an Labragens Küste die Johannisfeuer (Jāṇuguni) am Vorabend zum 24. Juni angezündet und die Līgo-Gesänge angestimmt wurden:

Nākiet lieli, nākiet mazi,
Lī – ī – go, lī – ī – go,
nākiet Jāṇu vakariṇā
Līgo ...

Lieliem došu saldu alu,
Lī – ī – go, lī – ī – go,
maziem siera gabaliṇu
Līgo ...

Kas guleja Jāṇu naktī
Lī – ī – go, lī – ī – go,
gules visu vasariṇu
Līgo[3] ...

---

3 »Līgo« läßt sich nicht übersetzen. Das Verb »līgot« drückt etwa
   fröhlich schwingen, jauchzend schaukeln aus. Die kleinen Zweizeiler
   auf deutsch:
   »Kommt, ihr Großen, kommt, ihr Kleinen,
   kommt zum Johanni-Abend.
   Süßes Bier geb' ich den Großen,
   Stückchen (Johannis-)Käse (allen) Kleinen.
   Wer schlief in der Johannisnacht,
   wird den ganzen Sommer schlafen.«

Dieser Gesang konnte unendlich lange mit eigenen Texten aus dem Stegreif fortgeführt werden.

Ich freute mich sehr, daß ich mitdurfte und war sehr gespannt, was ich erleben würde. Deshalb habe ich auch nicht protestiert, als ich zum Warmanziehen den Wintermantel nehmen sollte.

Ab Juli zog der Sommer dann ins Land, es wurde heiß. Gut, wenn es genug zum Durstlöschen gab. Im Frühjahr zur Leberblümchenblüte zapfte man genügend Birkwasser ab und ließ es mit einer Prise Zutaten auf Flaschen gezogen zur Gärung kommen. Dieses schäumende und köstliche erfrischende Getränk gehörte einfach zum Hochsommer dazu.

Die heißen Tage wurden im Wechsel durch viele starke Gewitter abgelöst.

Ein solches Gewitter, ein richtiges Unwetter, habe ich damals erlebt. Es hatte sich regelrecht über unserem Haus zusammengebraut, kam nicht von der Stelle, konnte nicht auf die See hinaus und der Fluß Riva hat es wohl auch am Weiterziehen gehindert.

Ich fürchtete mich!

Schon oft in vergangenen Jahren waren durch Blitzschlag Scheunen oder Stallungen in der Nachbarschaft in Flammen aufgegangen. Gerade vor kurzem hatte es einen Hütejungen getroffen, der vor wolkenbruchartigem Regen unter einer Eiche Schutz gesucht hatte.

Meine Mutter, die Omi und ich, wir hatten uns fast wie Schutz suchend bei meinem Vater in seinem Arbeitszimmer versammelt. Mein Vater saß noch am Schreibtisch vor dem Fenster, wir drei hatten uns, wie die Hühner auf der Stange, hinten an der Wand auf das lange Sofa gesetzt. Daneben, an dieser Wand, befand sich das Telefon im großen Kasten, der Hörer hing außen daneben.

Es gab in unserer Region, dem ländlichen Raum, nur wenige Telefonanschlüsse.

Diese moderne Errungenschaft bei uns hatte mit dem Beruf meiner Vaters zu tun. Wir hatten die Nummer 9, (Jūrkalne deviņ'), man mußte über ein Amt gehen, ansagen und wurde dann vermittelt.

Ein hoher Telefonmast an unserer Hausseite garantierte guten Empfang. Dessen Standsicherheit war zusätzlich durch zwei dicke Drähte gewährleistet, die von oben seitwärts in die Erde führten.

Gesichert war das Telefon auch innen im Kasten durch ein Spiraldrähtchen, das durch eine Glasscheibe zu sehen war.

Plötzlich gab es einen ganz fürchterlichen Knall und ein blauer Blitz schlug in das Telefon ein und sauste gleichzeitig mit grellem Licht am Telefonpfostendraht draußen in die Erde.

Ich war ganz benommen vor Schreck. Es herrschte auch ein ekliger Geruch im Zimmer.

Mein Vater sprang auf und ersetzte schnell den kleinen gerissenen Spiraldraht im Kasten durch einen neuen.

Kaum hatte er das getan und das Fenstertürchen am Apparat geschlossen, krachte es erneut, wieder passierte es und der zweite Blitz schoß draußen auf gleichem Wege in die Erde.

Unser Telefon hat den Blitzableiter gespielt!

Durch diesen zweifachen Blitzeinschlag habe ich den größten Respekt vor Gewittern behalten.

Vom »Alten Krug« aus war es nicht mehr weit bis zum Meier-Siefs Laden. Man mußte nur in Richtung Osten bis zum Flüßchen Ēnava gehen oder für größere Einkäufe das Pferd vor den Wagen spannen.

Die Landstraße war eine gut in Stand gehaltene Chaussee, wenn sie auch nur aus Lehm und Kies bestand.

Gesäumt wurde sie von Telefonmasten auf dem hohen Grabenrand. Die Drähte gaben einen steten metallisch summenden Ton von sich. Wenn ich ein besonders lautes Summen gehört habe, bin ich über den Graben gesprungen und habe mein Ohr dicht an den Holzmast gehalten. Ich hoffte, vielleicht ein Gespräch erlauschen zu können. Ich wußte, daß auch die Stimmen aus der ganzen Welt so bis zu uns nach Lettland kommen konnten.

Weiter der Landstraße folgend, noch auf unserer Seite an der Ēnava, befand sich der genannte Laden. In ihm gab es alles, was gebraucht wurde und der eigene Bauernhof zum Leben nicht bieten konnte.

Gleich neben der Verkaufstheke stand das große Faß mit den gesalzenen Heringen, auf die wir gerne zurückgriffen, wenn kein frisch gefangener Fisch zu bekommen war.

Ein kleiner Bottich mit grün-gelber Schmierseife gesellte sich zum Heringsfaß. Es gab auch andere Seife und eine Art Schlämmkreide zum Zähneputzen.

Der wichtigste Einkauf bestand jedoch im reichlichen Eindecken mit Zucker und Salz.

Meier-Sief hatte aber auch Kolonialwaren anzubieten: Pfeffer, Lorbeerblätter, Nelken, Zimt und Vanillestangen sowie Kakao und Kaffeebohnen.

Bohnenkaffee gab es bei uns aber nur zu bestimmten Gelegenheiten und Festen. Täglich tranken wir Zichorienkaffee, den wir aus gerösteter Gerste und den kleingeschnittenen, auch angerösteten Zichorienwurzeln selbst herstellten.

Abends wurde meistens Tee getrunken. Für mich gab es Tee mit Milch. Den Tee bereiteten wir in der Teemaschine zu. Die Bezeichnung Samowar kannte ich damals noch nicht. Sie war bei uns nicht gebräuchlich, das Gerät hieß einfach Teemaschine!

Zitronen gab es auch zu kaufen, Apfelsinen hatte er jedoch nur in der Weihnachtszeit.

Seinen hauptsächlichen Warenbestand bildeten verschiedene Gerätschaften für Haus und Hof und Garten. Eisenwaren, von den kleinsten Schrauben und Nägeln bis hin zu den schweren langen Kuhketten sowie allerlei Seile und Stricke und was sonst so benötigt wurde.

Mit allem konnten die Bewohner von Labragen gut versorgt werden.

Allerdings, für den Kleinkram wie Nähzeug, Nadel, Faden, Hosen- und andere Knöpfe, war er nicht zuständig. Das brachte etwa zweimal jährlich ein Hausierer von Hof zu Hof.

Wenn der mit seinem Panjewagen und dem kleinen Pferdchen in der Gegend war, warteten die Frauen schon ganz gespannt auf seine Schätze, die er vor ihnen ausbreiten würde.

Nicht nur seine Knopf-, Schleifen- und Bändersammlung war ansehnlich. Es mangelte auch nicht an Kämmen und Haarspangen sowie bunten Kopftüchern. Dazu allerhand Krimskrams, nicht unbedingt nötig, aber doch begehrenswert!

Gehandelt und gefeilscht wurde auch kräftig. Er kam aber schon auf seinen Gewinn und eine gute Mahlzeit war ihm auch sicher.

Aus diesen einzelnen, zum Teil verstreut liegenden Höfen bestand Labragen. Einige lagen direkt an der Landstraße, aber es gab auch weiter entfernt gelegene Gehöfte.

Es war kein Dorf im gewohnten Sinne, mit seinem Kern um eine Kirche.

Wohl gab es ein kleines Kirchlein. Es stand allein am Waldrand oberhalb der Riva, an der Straßenabzweigung zur sieben Kilometer entfernten Bahnstation »Riva«.

Diese kleine evangelisch-lutherische Kirche soll der Legende nach 1896 gebaut worden sein.

Als Grund dafür wird angegeben, daß ein Gutsherr von Labragen seine Tochter in einer Kirche trauen lassen wollte.

Verbreitet waren damals auch Haustrauungen sowie Haustaufen.

Er aber wollte, daß die Trauung seiner Tochter unbedingt in einer Kirche stattfindet!

Labragen hatte zu der Zeit aber keine Kirche!

Also beschloß er, selber eine Kirche zu bauen. Sie soll im Oktober 1896 fertig gewesen und geweiht worden sein.

Ich kann mich nicht erinnern, wie sie innen ausgese-

hen hat, sie war selten geöffnet. In der kalten Jahreszeit
konnte sie auch nicht beheizt werden. Sie wurde nur zu
Feiertagen, Festen und im Sommer genutzt. Dann kam
von einer Nachbargemeinde der Pastor zum Predigen.

Die kleine Kirche in Labragen – Foto von 1929

Ich durfte einmal als Blumenkind vor einem Brautpaar hergehen und auf den Weg aus der Kirche schöne Blüten aus meinem gefüllten Körbchen streuen.

Gegenüber der Kirche, in einem Gehöft, wurde die Poststelle betrieben. Da konnte man Sendungen und abonnierte Zeitungen sowie Briefe abholen und verschicken.

In der Regel war es mein Vater, der sich dorthin aufs Fahrrad schwang. Manchmal hat er mich auf dem Gepäckträger mitgenommen.

Größer und älter geworden, bin ich auch allein zur Post gegangen, um Briefe, die Zeitung »Jaunākās ziņas« und die »Grüne Post«, ein deutsches Journal, abzuholen.

Von der Post kommend, auf dem Weg nach Hause, grüßte am Straßenrand eine blanke Reihe weiß leuchtender Birken. Im Frühjahr hingen an ihren kräftigen Stämmen kleine Eimerchen, um den steigenden Saft für das Birkwasser aufzufangen.

Dann ging es bergab zur großen Holzbrücke über die Riva. Auf der rechten Seite war der Fluß zu einer beachtlichen Breite aufgestaut worden. Linkerhand blickte man von der Brücke aus auf das Wehr, wo sich das Wasser durch die großen Röhren fallend mit viel Schaum und Getöse flußabwärts ergoß.

Diese Wasserkraft und Energie sollte genutzt werden, dafür war das Wehr geschaffen worden. Mit ihr sollten die Maschinen einer Papier- und Pappfabrik angetrieben werden.

Einige Gebäude dazu befanden sich an der Straße. Von weitem wirkten die Häuser intakt, sie standen jedoch ungenutzt, waren unbewohnt und aufgegeben.

Die große Halle unten am Fluß, wo die Produktion stattfinden sollte, war nur noch eine Bauruine. Anders als bei den Häusern fehlte das Dach und man konnte von der Brücke auch in sie hineinsehen.

Der große langgestreckte Raum hatte noch seine brüchigen Außenmauern, die aber nur noch von den leeren breiten Fensterwölbungen gehalten wurden. Durch sie fuhr der Wind und das Wetter nagte an ihnen und so schritt der Verfall voran.

Die Holzbrücke über die Riva

Auf der Anhöhe zwischen den Bäumen grüßt die Giebelseite vom »Alten Krug«.

Das Fabrikprojekt soll mit staatlichen Geldern finanziert und gefördert worden sein. Als diese Quelle sich erschöpft hatte, fehlte es an den noch nötigen Mitteln, der Bau wurde nicht vollendet und aufgegeben.

Die Mauern bröckelten und brachen. Lange blieben die losen Ziegelsteine unten aber nicht liegen. Sie wurden von den Einheimischen für eigene Zwecke geholt. Auch wir haben uns etlicher Ziegel vom Abbruch bedient, um noch eine kleine Trennwand zwischen Küche, Bad- und Waschkammer zu ziehen.

Wann wir genau aus dem »Alten Krug« in unser Haus gezogen sind, kann ich nicht sagen. Im Sommer 1938 wohnten wir schon dort, es muß erheblich früher gewesen sein.

An den Umzug kann ich mich überhaupt nicht erinnern. Vielleicht, weil eine große, von mir begangene Dummheit mit »nachdrücklichen« Folgen das Gedächtnis überlagert hat!

Als letzte Malerarbeit im Haus wurde noch der Fußboden gestrichen. Einige Tage danach waren die Fenster geöffnet worden, um den intensiven Farbgeruch herauszulüften. Auf meinem Streifzug um das Haus sah ich das offene Wohnzimmerfenster. Natürlich wollte ich einen Blick hineinwerfen!

Die Fensterhöhe war kein Problem für mich, ich konnte gut klettern! Die etwas vorstehende Fundamentkante der großen Feldsteine wirkte geradezu einladend.

Und welch' wunderbarer Anblick bot sich mir: das ganze Zimmer eine große schokoladig-braun glänzende Fläche! Es mußte doch ein herrliches Gefühl sein, barfuß darüber zu laufen!

Schon saß ich auf dem Fensterbrett und sprang mit Schwung nach unten – und bekam einen Riesenschreck!

Mein rechter Fuß war mit dem großen Zeh in etwas Weiches eingesunken!

Ich bin da wohl auf einer Stelle gelandet, die einen Tropfen Lack zu viel bekommen hatte und noch nicht getrocknet war.

Meine Lust auf weitere Schritte war vergangen und ich betrachtete mit Entsetzen meinen Zehenabdruck auf dem Fußboden. Wie ein Fingerabdruck in der Verbrecherkartei! Da war nichts zu machen!

Als Strafe sollte mich der Anblick stets mahnen, denn der Läufer durch das Zimmer wurde so gelegt, daß die Stelle am Fenster sichtbar blieb!

Ich versuchte zwar öfter, die Blumenbank darüber zu schieben. Aber nach jedem Gießen hatte sie wieder ihren richtigen Standort.

Mit dem Umzug hatte sich vieles in meinem Leben geändert.

Meine liebe Maija hatte uns verlassen und einen netten Mann geheiratet.

An ihre Stelle war Olga getreten. Sie war schon eine ältere, gesetztere Person, sehr zuverlässig und kenntnisreich, eine große Hilfe für meine Mutter.

Mein kleiner Hund Tommy, der vor dem Absturz an der Steilküste gerettet worden war, wurde noch am »Alten Krug« Opfer der Landstraße und von einem LKW getötet.

Lastkraftwagen waren auf unserer Straße selten unterwegs. Wenn einer einmal in der Woche vorbeikam, war es schon viel. Es gab fast nur Pferdefuhrwerke, -wagen und im Winter Bauernschlitten.

Dann war die recht steil abfallende Landstraße am

»Alten Krug« eine herrliche Rodelbahn und wurde von allen Nachbarskindern genutzt.

Ich bekam zu Weihnachten einen extra schönen neuen Schlitten dazu. Aber ich war damit gar nicht so glücklich. In seiner Leichtigkeit kam er nie so weit wie die schwereren, etwas klobigen Schlitten der anderen Kinder, die vom Stellmacher gefertigt worden waren. Die sausten mit ihnen nach unten und kamen fast auf der Mitte der Brücke an, während mein Schlitten schon vor ihrem Anfang stehen blieb! Nur wenn meine Mutter mitkam und sich hinter mich setzte, hatten wir mehr Schwung und gewannen an Weite.

Niemals kam uns dabei der Gedanke, daß ein Auto unser fröhliches Treiben gefährden könnte, im Winter kam keins!

Das änderte sich zu den anderen Jahreszeiten.

Diese seltenen LKWs jagten mir bei ihrem krachmachenden Herannahen oft Angst und Schrecken ein. Ich kannte das nicht von Paulshafen und hielt diese großen schnellen Fahrzeuge für sehr gefährlich.

In meiner kindlichen Vorstellung war mir auch nicht klar, ob dieses Ungeheuer mit den weithin leuchtenden Lampenaugen auch wissen würde, daß es mich nicht jagen oder überfahren darf.

Ähnlich muß es auch für unseren Tommy gewesen sein. Er war sich aber seiner Beschützerrolle bewußt und startete zum Angriff auf das Biest. Er ist auf die Straße gerannt, um es durch Gebell und Anspringen zu vertreiben. Dabei geriet er unter die Räder und wurde überfahren.

Am Ende unseres Hofes, dort, wo das Kleefeld anfing

und mein Vater drei Lärchen gepflanzt hatte, wurde Tommy begraben.

Im Sommer stand eine Bank auf diesem lauschigen Plätzchen. Ich setzte mich gerne dort hin und dachte an meinen munteren Spielgefährten.

Katzenpfötchen hatten sich niedrig kriechend auf der etwas sandigen kleinen Fläche angesiedelt. Ihre weißen und rötlichen Blüten fühlten sich an wie Tommys Fell, wenn man mit der Hand darüberstrich.

Im neuen Haus wäre Tommy wohl am Leben geblieben, denn es lag nicht unmittelbar an der Straße.

Unser Grundstück erstreckte sich zwar bis zur Landstraße, das Haus stand aber gut 200 Meter entfernt an einer eigenen Zufahrt.

Eine Reihe Fichten säumte auf der Ostseite zu unserem Nachbarn, dem jungen Strauss, diesen Fahrweg.

Bei dem jungen Strauss waren meine Eltern stets zu Johanni zu Gast. Er hatte gerade angefangen, sich auch ein neues Haus zu bauen.

Die von uns dicht gepflanzte Fichtenreihe sollte die 22 jungen Sauerkirschbäume in der Blütezeit vor den eisigen Ostwinden schützen. Sie standen hinter dem Staketenzaun in unserem Garten bis zur Straße hin, aber der konnte mit seiner halben Höhe kaum Schutz gewähren.

Bei der Menge der Bäume haben wir reichlich Kirschen geerntet. Ich konnte es nie erwarten, bis sie richtig dunkelrot geworden waren, und fing bei rosa schon zu naschen an.

Im Sommer war ich fast nur draußen und naschte

mich an den Beerensträuchern vorbei durch den ganzen Garten.

Zur Abwechslung konnte man auch Zuckererbsen pflücken und auch die Schoten essen, dazu mußte man nur innen die durchsichtige harte Trennhaut abziehen.

Für den kräftigeren Geschmack gab es die Radieschen und später auch schöne rote Tomaten.

An verregneten Tagen, wenn man draußen nichts anfangen konnte und ich im Haus bleiben mußte, vermißte ich meinen Tommy als Spielgenossen sehr.

Ich dachte, ich müßte dagegen etwas machen und hatte die Idee, mir ein paar kleine Frösche zu fangen und sie mit nach Hause zu nehmen. Ich könnte dann beobachten, wie sie wachsen und groß werden. Ich besorgte mir ein geräumiges Einmachglas, wo ich sie gut unterbringen konnte, und zog los. Mit einer guten Ausbeute von nicht ganz einem Dutzend Fröschlein war ich zufrieden. Es waren noch ganz kleine, braun und schwarz gezeichnet, und sie hatten noch einen winzigen Stummel, wo das Kaulquappenschwänzchen gewesen war.

Es sollte ihnen gut gehen bei mir!

Etwas Wasser unten ins Glas und dazu habe ich eine Handvoll lange Grashalme hineingetan, damit sie es richtig heimisch und gemütlich haben.

Es erhob sich dann aber die Frage: Wohin mit ihnen und dem Glas?

Ein eigenes Zimmer hatte ich noch nicht, das sollte erst für mich oben im Haus ausgebaut werden. Ich freute mich schon darauf, denn von oben konnte man das Meer sehen.

Wenig geeignet schien es mir, das Glas in meiner Ecke im elterlichen Schlafzimmer unterzubringen.

Ich hatte dann, wie ich glaubte, den glorreichen Einfall, die kleinen Frösche mit dem Glas in der Speisekammer auf ein Regalbrett ans Fenster zu stellen.

Als mein Vater am nächsten Morgen früh von seinem Kontrollritt zurückkam, wollte er sich wie üblich von Olga seine Spiegeleier zum Frühstück machen lassen.

Meine Mutter und ich waren gerade erst wach geworden und im Aufstehen begriffen.

Olga ging in die Speisekammer, die Eier holen. Entsetzt und empört rief sie meinen Vater, um ihm dort die Bescherung zu zeigen: In der Milch waren zwei Frösche ertrunken, im Butterfaß hatte sich einer festgestrampelt und überall hüpften die kleinen braunen Dinger herum!!

Mein Vater kam ins Schlafzimmer und ein verbales Gewitter entlud sich über mir!! So kannte ich meinen Vater gar nicht, er erschien mir wie der Donnergott Pērkons persönlich!

Ich stand im Nachthemd zitternd vor ihm und ließ wie eine große Sünderin alles über mich ergehen.

Am meisten traf mich seine Bemerkung, daß er mir so viel Dummheit gar nicht mehr zugetraut hätte. Ob ich mir nicht hätte denken können, daß die Frösche unser Essen, die Butter, die Milch und andere Sachen, verunreinigen? Ob ich denn die Milch trinken wollen würde, in der tote Frösche liegen?

Nach diesem Vorfall beschlossen meine Eltern, die bisher sehr lockeren Zügel meiner Erziehung fester anzuziehen.

Von meiner Seite kam der feste Vorsatz, in Zukunft meine Finger von den Fröschen zu lassen, auch wenn es in ihnen jucken und zucken würde, wieder einen zu fangen.

Sie überlegten weiter, daß es für mich jetzt auch an der Zeit wäre, mit dem Lernen anzufangen. Im kommenden Jahr sollte ich in der Gemeindeschule in Ulmale eingeschult werden. Dann wäre es gut, wenn ich vorher schon die deutsche Schrift schreiben und lesen könnte.

In Lettland benutzte man das lateinische Alphabet, während für die deutsche Schreibschrift die Sütterlinschrift diente, die ab 1935 an deutschen Schulen eingeführt worden war.

Mit dieser Schrift, die sich der Grafiker, Herr Sütterlin, ausgedacht hatte, mußte ich mich nun abquälen.

Ab sofort mußte ich mich täglich auf den Hosenboden setzen, um bei meiner Mutter diese schwierigen, vertrackten Buchstaben zu lernen und schreiben zu üben.

Damals ahnte ich noch nicht, daß mir das Jahre später sehr von Nutzen sein und viel Lob eintragen sollte.

Diese Buchstaben hatten es wirklich in sich! Sie waren spitz und eckig!

Beim »e« und »n« mußte man sehr aufpassen, daß man die Striche richtig aneinandersetzte. Vom »s« gab es drei Sorten: ein großes »S« und zwei kleine. Aber man sah bei ihnen keinerlei verwandtschaftliche Ähnlichkeiten! Ein kleines »s« hatte unten eine Rundung und hieß »Schluß-S«, weil es immer ans Ende mußte. Das andere kleine »s« war ein spitzer langer Strich, der mehr am Anfang oder in der Mitte eines Wortes stand. Daß es überhaupt stehen konnte, so dünn wie es war, lag daran, daß es sich meistens an den anderen Buchstaben festhalten konnte. Das waren meine kindlichen Eindrücke von der Sütterlinschrift.

Wenn meine Mutter abberufen wurde, sich schnell um etwas kümmern mußte und Wichtiges zu erledigen hatte, hieß das für mich noch lange nicht: Schule beendet! Dann sollte ich, solange sie anderwärtig beschäftigt war, eine Seite aus der »Baltischen Fibel«! abschreiben, die als Grundlage für meine Lernerei diente.

Es fiel mir sehr schwer, bei dieser Schreiberei lange allein im Zimmer zu sitzen. Vor allem, wenn draußen die Sonne schien und der Garten lockte, hielt es mich nicht bei meinem Heft. Dann habe ich mich oft vor der Arbeit gedrückt und bin aus dem Fenster verschwunden. Wozu konnte ich so gut klettern?

Diese »Untugend«, wie sie die Großmama nannte, habe ich lange beibehalten.

Sie hatte mir bei ihren Ermahnungen auch angedroht, was mit mir passieren würde: Kinder, die aus dem Fenster klettern, würden nicht mehr wachsen und immer klein bleiben!

Bei mir war das Gegenteil der Fall: Meine Beine wurden immer länger!

Ich achtete immer darauf, daß ich nicht zu lange fortblieb, so wurde ich auch nie direkt erwischt. Nur das magere Schreibergebnis in meinem Heft zeigte meiner Mutter an, daß etwas nicht stimmen konnte!

Dann hieß es: Fertig zum Diktat und damit zur Überprüfung meiner Lernergebnisse.

Dieses Diktatschreiben mochte ich gar nicht, aber es war der Preis für meine Fensterausflüge.

Als der Winter näherkam, sollte ich auch noch etwas anderes lernen: Spinnen!

Diese weibliche Fähigkeit war für das Landleben wichtig, vor allem für eine künftige »Saimniece«, eine Landhausfrau.

Für mich wurde ein kleineres Spinnrad besorgt und ich kam zu Olga in die Lehre.

Am Anfang sollte ich zwei dünnere Wollfäden zu dickerem Garn für warme Wolljacken verspinnen. Dabei konnte ich das Zusammenspiel der Hände an der Spindel mit der Fußarbeit zur Bewegung des Spinnrades üben. Bald hatte ich den Rhythmus gefunden und es machte mir großen Spaß.

Labragen
Unser neues Haus – Ostseite – der Zufahrtsweg
Im Vordergrund: Drei gepflanzte Fichten. Ich stehe am Zaun
mit Nachbarskindern. Dahinter: Meine Mutter und beide
Großmütter.

Danach gab es meistens Bratäpfel, deren verlockender Duft aus der Ofenröhre auch das Spinnrad schneller rotieren ließ.

Olga war sehr geschickt, unseren selbstgezogenen Flachs zu dünnen Fäden für die spätere Leinenweberei zu verspinnen. Sie konnte unseren Flachs auch für sich verarbeiten, für ihre Aussteuer an Bettwäsche. Sie hatte es noch nicht ganz aufgegeben, daß der Richtige sie eines Tages finden würde.

Mit Mutter und Vater im Gemüsegarten, der große Ball ist von Onkel Hermann. Das »Kletterfenster« links.

Das Jahr 1939 sollte gravierende Lebensveränderungen mit sich bringen. Für Tausende von Menschen und ganze Völker die Unterwerfung unter die Politik zweier Diktatoren.

Zunächst war noch nicht recht zu ermessen, welche

Tragweite der Hitler-Stalin-Pakt mit der gegenseitigen Vereinbarung zur Absteckung der Interessensphären bedeutete.

Deutschland zog in den Krieg und die Sowjets zogen in Lettland ein, wo sie ihre sogenannten Militär-Basen einrichten konnten.

Für mich gab es 1939 die Einschulung.

Das bedeutete das Ende des ungebundenen Umherstreifens draußen, dafür stillsitzen, lernen und ein braves Schulkind werden.

Nach Ostern kam ich in den Vorbereitungskurs und im Herbst wurde ich in die 1. Klasse der vierklassigen Gemeindeschule in Ulmale aufgenommen.

Zu der Zeit war von den kommenden Veränderungen im Lande noch nichts zu spüren.

Morgens wurde das Pferd angespannt, um mich die vier Kilometer zur Schule zu fahren. Den Heimweg trat ich dann zu Fuß gemeinsam mit einigen gleichaltrigen Kindern aus meiner Klasse an, die die gleiche Strecke hatten. Ich brauchte ungefähr eine Stunde für den Weg. Wenn aber etwa ab April der Schnee ganz fortgeschmolzen war, dauerte es doppelt so lange!

Die Landstraße führte kurz vor der Kreuzung mit der Chaussee zur Bahnstation Riva durch ein Waldstück. Links und rechts befand sich ein breiter gerodeter Streifen mit Preiselbeerbewuchs (Brūklenes!). Die im Herbst übriggebliebenen Beeren, es waren eine ganze Menge, hatten durch Frost und Schnee über Winter ihre Herbheit verloren und waren weich und saftig geworden. Die Strecke mußte abgegrast und die Beeren mußten gegessen werden, so als Vorspeise vor dem späteren Mittagessen zu Hause. Nach etwa einer Woche war das geschafft, das letzte Suchen brachte kaum noch etwas, und auf dem Heimweg ging es wieder zügig voran.

Die Schule in Ulmale hatte zwei Räume. Einen großen für die Klassen 1 und 2, den kleineren für Klasse 3 und 4.

Herr Doniņš war der Schulleiter, der die großen Schüler unterrichtete. Die Lehrerin hieß Frau Paegle und war bei den Erstklässlern für Lesen, Schreiben und Rechnen zuständig. In der 2. Klasse gab sie auch Englisch-Unterricht.

Es war so organisiert, daß sie beide Klassen gut im Griff hatte und gleichzeitig beschäftigen konnte.

Während in der 2. Klasse, das war die Bankreihe am Fenster, mit ihr Englisch gelernt wurde, saßen wir an der Türseite gegenüber der großen Tafel, von der wir in der Zeit die angeschriebenen Rechenaufgaben abzuschreiben und zu lösen hatten.

Ich war damit schnell fertig und spitzte meine Ohren, um dem Englisch-Unterricht zu lauschen. Da Frau Paegle die Sätze oft und einprägsam wiederholte, habe ich manches aufgeschnappt und behalten.

Nach Hause gekommen, konnte ich meine Mutter mit »How do you do« begrüßen.

In den Weihnachtsferien habe ich manchem Besucher »Happy new year« gewünscht.

Ich ging gern zur Schule, das Lernen machte mir Freude.

Ich liebte mein Lesebuch, die »Lasāmā grāmata«, mit den schönen Geschichten und Bildern.

Besonderen Spaß machte es mir, die Zahlen, die ich irgendwie lustig fand, schön sauber in die Kästchen vom Rechenheft einzutragen. Die Rechenzeichen sagten mir auch genau, was man machen mußte. Es gab mal das stehende Kreuz oder ein schräges zwischen den Zahlen. Der Strich bedeutete, daß es immer weniger werden mußte! Hatte man es fertig, zog man zwei kleine Striche ordentlich übereinander. Sie zeigten auf das Ergebnis der Rechnerei mit der Hoffnung, daß man es richtig herausbekommen hatte.

Während ich so in meine neue Welt der Schule eingetaucht und im Lernen versunken war, ist es mir ganz entgangen, welche schicksalhafte Entscheidung meine Eltern zu treffen hatten.

Sie haben sich entschieden, sind geblieben und nicht dem Ruf des Führers »Heim ins Reich« gefolgt.

Dafür gab es verschiedene Gründe. Der wichtigste und ausschlaggebende war, daß sich mein Vater als Offizier im lettischen Staatsdienst in einer besonderen Situation befand und einen Eid geleistet hatte.

Dazu kam, daß wir gerade erst unser neues Haus bezogen hatten. Die obere Hälfte mußte auch noch ausgebaut werden. Es war das Ergebnis jahrelanger Arbeit und Mühe und wir wohnten nun glücklich darin.

Die meisten Baltendeutschen haben im November 1939 das Land verlassen und es war ihnen versprochen worden, ihrem bisherigen Besitz entsprechend entschädigt zu werden. Doch es war gar kein »Heim ins Reich«!

Die Umsiedlung fand in das eroberte und besetzte Polen statt, hauptsächlich in den sogenannten Warthegau.

Mein Vater fand es auch irgendwie suspekt, sich dort in das gemachte Bett gerade vertriebener Polen zu legen.

Auch Mutters Bruder, mein Onkel Hermann Scheffel, war mit seiner Frau in Riga geblieben.

In nächster Zeit geschah auch noch nichts Beunruhigendes. Unser Leben verlief weiter in den gewohnten Bahnen.

Eltern in Ulmale vor dem Schulgebäude zur Abschlußfeier im Sommer 1940
Unten von links sitzend: Meine Mutter und ich, folgend der Schuldirektor mit Angehörigen und die Lehrerin.

Im Frühjahr 1940 passierte etwas Merkwürdiges.

Mein Vater erhielt Order, die Zuständigkeit für unseren Küstenabschnitt mit einem Kollegen zu tauschen, es sollte auch nicht lange sein!

Es war im Mai, denn ich pflückte für die Ankömmlinge einen großen Strauß vom gerade aufgeblühten Flieder.

Herbst 1940
Mein Vater und sein Pferd Lanco ahnten noch nicht, daß es
die letzten Ausritte sein würden!

Mein Vater zog mit dem Nötigsten in deren Behausung nach Akmeņrags, Steinort. Es liegt ungefähr auf halbem Wege nach Liepāja und hat einen für die Seefahrt wichtigen schönen hohen Leuchtturm.

Später im Sommer war der Kollege mit Familie wieder fort. Wohin sie gegangen, wo sie geblieben sind, ich weiß es nicht. Mein Vater war auch wieder bei uns. Er wurde nicht mehr gebraucht bei der lettischen Grenzwache; sie löste sich irgendwie auf!

Nun konnte er sich ganz um Haus und Hof kümmern.

Dabei hatte Ministerpräsident Ulmanis in einer Rede seine Landsleute aufgefordert, jeder solle auf seinem Posten bleiben und seine Arbeit tun, wie auch er es tun würde.

Wir haben diese, seine letzte Rede, im Radio gehört, denn wir besaßen inzwischen einen Rundfunkempfänger mit Batteriebetrieb.

Danach hörte man von Ulmanis nichts mehr, auch er war verschwunden!

Prokommunistische Kandidaten hatten jetzt in der Regierung das Sagen und forderten die Umwandlung Lettlands in eine sozialistische Sowjetrepublik.

Unmittelbar danach war im ganzen Land die Veränderung zu spüren.

Es folgten Übergriffe auf Menschen und Besitz.

Die Landstraßen waren nicht mehr sicher. Bauern, die mit ihren Fuhrwerken unterwegs waren, wurden angehalten, die Pferde ausgespannt und mitgenommen.

Nach diesen Vorkommnissen war meinen Eltern klar, auch mein Schulweg nach Ulmale war nicht mehr sicher.

Man war der herrschenden Willkür ausgesetzt!

Liepāja 1940/41

So wurde beschlossen, daß ich im Herbst 1940 nach Liepāja und dort zur Schule gehen sollte.

In der Dependance vom Damenstift in der Gintera iela, wo Omi Scheffel ein großes Zimmer mit Küche bewohnte, wurde ich einquartiert.

In meiner Geburtsstadt ging ich dann in die 2. Klasse der Grundschule.

Meine Mutter kam öfter gefahren, um nach uns zu sehen und auch ein bißchen zu helfen. Omi war inzwischen 70 Jahre alt und ihr Augenleiden behinderte sie schon sehr. Vieles konnte sie schon nicht mehr gut erkennen.

Für meinen Vater in Labragen sorgten an diesen Tagen wieder seine Mutter und Schwester Adele. Er hatte sie aus Apriken zu uns ins Haus geholt, denn allein in dem Häuschen mitten im Wald waren die beiden Frauen auch nicht mehr ihres Lebens sicher!

Die Zustände im Land verschlimmerten sich immer weiter! Der sowjetische Geheimdienst ging mit Verhaftungen gegen »Volksfeinde« vor.

Doch es gab Hoffnung, dem zu entkommen.

Es sollte noch eine Nachumsiedlung für die bisher dageblieben Baltendeutschen stattfinden und eine reichsdeutsche Kommission wollte dafür nach Riga kommen und Vorbereitungen treffen.

Meinen Eltern wurde mehr und mehr klar, das Land auch verlassen zu müssen.

Als meine Mutter Mitte Dezember wieder bei uns in Liepāja war und am nächsten Tag abfahren wollte, besuchte uns eine nette junge Frau, die meine Mutter kannte.

Im Gespräch erwähnte sie, daß sie nach Riga fahren müsse und ob meine Mutter nicht mitkommen wolle und ihren Bruder besuchen.

Meine Mutter wollte nicht, sie würde doch zu Hause erwartet.

Die junge Frau, ich habe ihren Namen vergessen, ließ aber nicht locker. Sie argumentierte, daß man durch den Bruder, der Kontakte zur Umsiedlungskommission hätte, über den Stand der Vorbereitungen Neues erfahren könnte und sie doch nur eine Nacht bleiben müßte.

Meine Mutter willigte endlich ein und beide fuhren am nächsten Tag nach Riga.

In der folgenden Nacht wurden meine Großmutter und ich durch derbe Schläge an der Eingangstür und laute Rufe geweckt.

Drei Männer drangen in Omis Behausung ein und fragten nach meiner Mutter. Sie waren sehr verärgert, daß sie fort und in Riga war. Darauf machten sie eine Hausdurchsuchung, wühlten alles durch, kehrten das Oberste zuunterst. Sie entblödeten sich nicht, aus der Wärmkruke den Sand auszuschütten und hineinzusehen.

Sie nahmen Schriftstücke, Briefe und Dokumente mit und zogen nach einer Stunde ab.

Omi und ich saßen noch lange zitternd auf dem Bett, das auch zerwühlt worden war.

Was wäre passiert, wenn sie meine Mutter angetroffen hätten?

Am gleichen Tag, nach einer kurzen Frostperiode, war Tauwetter eingetreten. Mein Vater war mit einigen Leuten aufs Feld zu den Mieten gegangen. Sie wollten das milde Wetter nutzen, um einen neuen Vorrat an Kartoffeln und Futterrüben zu holen. Als sie an den offenen Mieten beschäftigt waren, erschienen plötzlich mehrere Sowjetsoldaten und forderten meinen Vater unter einem Vorwand auf, mitzukommen. Mein Vater verwies sie auf den nächsten Tag, es müßte doch die Arbeit an den Mieten erst beendet werden.

Sie waren bedrohlich hartnäckig, es sollte irgendein Vertrag vom Vater unbedingt unterschrieben werden, und so ging er mit.

Stunden später hat ein Nachbar auf der Landstraße zur Bahnstation Riva den Schlitten getroffen. Darin mein Vater in Handschellen mit zwei Bewachern und zwei Soldaten mit geschultertem Gewehr auf Skiern als Eskorte.

Der Bericht des Nachbarn über seine Begegnung auf der Landstraße zur Bahnstation war der einzige Hinweis, was meinem Vater widerfahren war.

Es gab in nächster Zeit keine Nachricht, keine Mitteilung an die Familie, nichts!

Mein Vater war fort, fort aus unserem Leben gerissen, fort! Dazu die erdrückende Ungewißheit: Lebte er noch?

Für mich war alles schwer zu begreifen.

Ich ging täglich zur Schule, aber mit großer Unlust, war unaufmerksam und bockig zu den Lehrern.

Von Anfang an hatte es mir in der Schule in Liepāja nicht gefallen. Ich konnte mich gar nicht eingewöhnen.

Einige Mädchen waren ganz nett, aber die Jungen waren frech und eklig zu mir, sie hänselten mich. Heute würde man das Mobbing nennen.

Sie riefen mir hinterher: »Resna Vāciete«, dicke Deutsche! Allerdings war ich für mein Alter groß und kräftig, eben ein gut genährtes Landkind.

Die einzige, mit der ich mich etwas angefreundet hatte, war Rochele Gurewitsch. Das lag aber mehr an ihr. Sie freute sich, daß sie in der Pause auf dem Schulhof mit mir jiddisch-deutsch sprechen konnte.

Ihr Vater war Schneider und sie hat mir angeboten, daß er meine Puppen neu einkleiden könnte. In seiner Abfallkiste lägen vom Zuschneiden schöne übriggebliebene Flicken, die für Puppenkleider reichen würden. Ich war nicht abgeneigt und gab ihr meine Puppen mit.

Kurz vor Weihnachten hatte ich noch richtig Streit mit einem Lehrer. Es war die Schönschreib-Stunde. Ich hatte überhaupt keine Lust auf Schönschrift und die Sätze in mein Heft zu malen. Ich habe mein Heft einfach zugeklappt und saß so da. Als ich zur Ordnung gerufen wurde, sagte ich: »Mein Heft ist voll!« Ich hielt die Hand darauf und wollte es nicht vorzeigen! Der Lehrer nannte mich ein faules, verlogenes Kind und er würde meine Mutter bestellen!

Das war wohl alles zu viel für mich. Ich wurde krank, bekam die Masern und legte mich zu Weihnachten mit Fieber ins Bett.

In der Zeit, in der ich in der Schule kleine Scharmützel und verbale Attacken abzuwehren hatte, war meine Mutter im vollen Einsatz in Liepāja und Labragen.

Sie setzte alles in Bewegung, um zu erfahren, was mit meinem Vater geschehen und wohin er verbracht worden war.

Die Umsiedlungskommission in Riga, an die sie sich über ihren Bruder gewandt hatte, versprach Hilfe. Doch solange der Aufenthaltsort meines Vaters nicht bekannt war, konnte sie nicht tätig werden.

Lettische amtliche Stellen, an die sie sich hätte wenden können, gab es nicht mehr. Alles befand sich in Auflösung bzw. war schon sowjetisiert und von dort war nichts zu erwarten.

In Labragen hieß es für meine Mutter, neben allem Organisatorischen zur Übergabe unseres Besitzes, ihrer Schwiegermutter und Schwägerin seelischen Beistand zu leisten. Olga, unserem guten Mädchen, zuzureden, so lange wie möglich bei den beiden im Hause zu bleiben, und dem jungen Landarbeiterehepaar, das seit einem Jahr auch bei uns wohnte, weiterhin Hof und Vieh anzuvertrauen.

Es gab viel Schikane von »Amts wegen«.

Steuern mußten für lange Zeit vorausbezahlt, Inventarlisten angefertigt werden. Es sollten die Zimmer mit voller Einrichtung unter Zeugen übergeben werden! Andernfalls würde man unsere Ausreise verhindern!

Dennoch hat sie es geschafft, ein paar Kisten mit Kleidung, ein bißchen Hausrat und persönliche Sachen zu packen und mit einem Nachbarn zur Bahn zu schaffen. Wie wir später erfuhren, hat allein dessen Hilfe für meine Mutter zu seiner Verhaftung geführt.

Dann kam eines Tages die Benachrichtigung, daß meine Mutter mit Anziehsachen und Wäsche für meinen Vater an einem bestimmten Tage gegen Abend zum Gefängnis in Liepāja kommen sollte.

Es war eine erlösende Nachricht. Wir wußten jetzt, daß er noch lebt und wo er sich befindet.

Nun konnte auch die Umsiedlungskommission tätig werden, die inzwischen auch einige Mitarbeiter in Liepāja hatte, um die Umsiedlung per Schiff vorzubereiten.

Es wurden zwei Pakete gepackt für meinen Vater und auch etwas Gutes für ihn zum Essen beigelegt, mit der Hoffnung, daß er das auch bekommen würde.

Wir haben dann meinen Rodelschlitten beladen und sind losgestiefelt durch den Schnee.

Ich sollte mir die Straßen gut merken, denn es ging in eine für mich unbekannte Gegend. Vor dem Gefängnis angekommen, gab meine Mutter mir eine Taschenuhr und ich sollte eine Stunde warten. Wenn sie dann nicht zurück sei, sollte ich allein schnell nach Hause gehen.

Meine Mutter verschwand mit den Paketen im Gefängnis und ich setzte mich mit der Taschenuhr im Fausthandschuh zum Warten auf meinen Schlitten. Es war recht dunkel dort und kalt.

Ich wurde rechtzeitig erlöst und wir konnten beide den Heimweg antreten.

Von dem russischen Offizier, er sprach teilweise deutsch mit meiner Mutter, berichtete sie, daß er sie arrogant und anmaßend behandelt hat, sich ganz seiner Macht bewußt.

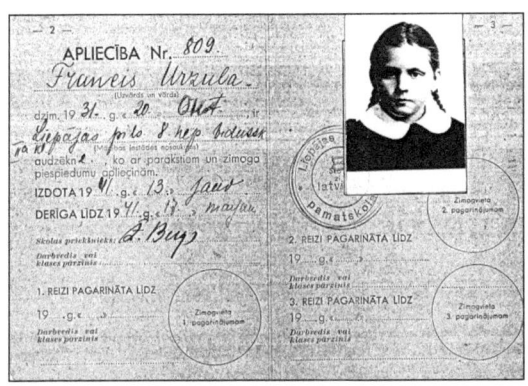

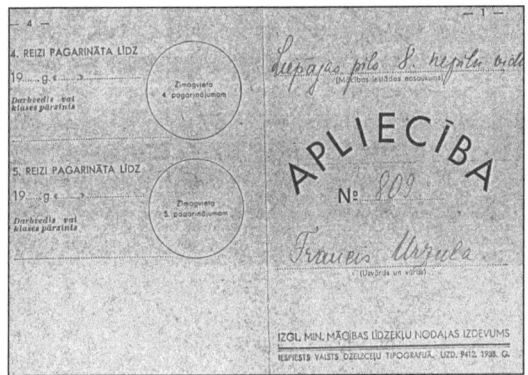

Als Verhaftungsgrund für meinen Vater nannte er: Gift und Mordanklage! Mein Vater hätte einem Bäcker in Ulmale Gift gegeben, damit der es für die Russen ins Brot backen sollte!!

Ich ging weiter zur Schule, erhielt einen Schülerausweis, aber sonst haben die Lehrer sich kaum noch um mich gekümmert.

Inzwischen war auch ein Termin für die Abreise bekannt. Mitte Februar würde ein Schiff die letzten Nachumsiedler fortbringen.

Es wurde gepackt und aufgeräumt. Auch in Riga packten Onkel Hermann und seine Frau ihre Sachen. Auch von dort sollte ein Schiff nach Deutschland in See stechen.

Ich bemühte mich, meine Puppen von Rochele zu bekommen. Sie hat mich aber vertröstet, alles wäre noch nicht ganz fertig. Die Puppen sollten auch Mäntelchen für die Reise bekommen.

Die letzte Woche vor der Abreise behielt mich meine Mutter zu Hause.

Ich habe Rochele und meine beiden Puppen nicht mehr gesehen. Wer weiß, wie lange sie mit ihnen noch hat spielen können!

In den letzten Tagen hat meine Mutter mich zu einem langen Spaziergang mitgenommen. Abschied nehmen von Liepāja, meiner Geburtsstadt, und von Lettland.

Sie führte mich auch in das Strandviertel. Ich sollte doch noch gesehen haben, was mein Großvater dort gebaut hat.

»Lagzdiena«, unser Hof, war aufgegeben. Großmutter Franz und Tante Adele hatten Labragen verlassen und hielten sich auch in Liepāja auf. Mit ihnen war auch ihre Freundin aus ihrer Imanta-Zeit gekommen. Auch sie konnte dort nicht mehr allein bleiben. Ihr Vater hat die große Schmiede betrieben und sie hatte sie weitergeführt. Sie war von kräftiger Statur und konnte trotz ihrer 60 Jahre gut zupacken. Sie erwies sich als große Hilfe beim Tragen des Handgepäcks aufs Schiff.

Meine Mutter war genug belastet, uns alle in Schlepp zu nehmen: die eigene halbblinde Mutter, die fast 80jährige Schwiegermutter, das Kind an der Hand und die unbeholfene, klagende Schwägerin Adele als Begleitung.

Es war der 15. Februar 1941, der Frachter »Robert Möhring« lag im Hafen bereit und nahm uns auf.

Wir betraten das Schiff in Hoffnung und Angst.

Die Hoffnung war, daß mein Vater da auch zu uns stoßen würde.

Die Angst, daß auf See eine Kurskorrektur erzwungen werden könnte, die uns statt nach Westen in Richtung Osten führen würde.

Mein Vater war nicht gekommen, wir fuhren ohne ihn ab.

Es war die Vertreibung aus dem Paradies.

Aber das Paradies meiner Kindheit war es nicht mehr, das war schon vorher verloren.

Zwei Monate später war mein Vater frei gekommen und erreichte uns Mitte April 1941 im Umsiedler-Quartier in Mecklenburg, in Boltenhagen.

In der Pension Schwartz
Obere Reihe, links: Vater Edgar Franz und meine Mutter.
Als 4.: Auguste Streit, die Schmiedebesitzerin.
Mitte, sitzend: Die Großmütter Luise Franz und Luise Scheffel.
Unten: Das Geburtstagskind Tante Adele (50!), von mir
bekränzt und andere Mitbewohner.

Epilog »Skrunda«

Die Salinski-Familie

Skrunda

Auf der Gedenktafel für die Opfer der Deportation 1941 bis 1949 im Bahnhof von Skrunda findet man vielleicht auch zweimal den Namen Salinski.

Die furchtbaren Ereignisse nach der sowjetischen Okkupation trafen auch unseren engsten Freundeskreis.

Emmi, die jüngere Schwester meiner Tante Marga, lebte in Skrunda und war mit dem Förster Salinski verheiratet. Sie hatte drei Söhne.

Förster Salinski konnte sich nicht nur lautlos im Wald bewegen, er beherrschte auch eine große, lautstarke Beiwagenmaschine. Mit diesem schweren Motorrad kamen sie im Sommer nach Labragen, uns besuchen.

Mutter Emmi saß auf dem Rücksitz und die drei Jungen waren wie die Orgelpfeifen in den Beiwagen einsortiert.

Als wir noch Mitte Februar 1941 durch die »Nachumsiedlung« Lettland verlassen und uns ohne meinen Vater (er war schon abgeholt worden) nach Deutschland retten konnten, beschloß Familie Salinski in Skrunda zu bleiben.

Der Förster, mit seiner polnischen Abstammung, glaubte, nichts befürchten zu müssen. Nicht bedacht hat er wohl, daß er als treffsicherer Schütze und im Besitz von Waffen für die Russen schon sehr verdächtig war.

Eines Tages erhielt er die Warnung, daß die Russen ihn holen wollen.

Er beschloß, fürs erste zu verschwinden, fürchtete aber um die Sicherheit seiner Söhne. Er nahm sie deshalb alle drei mit in den schützenden Wald, Mutter Emmi blieb allein im Hause zurück.

Wenig später erreichte eine furchtbare Nachricht die Versteckten.

Die Mutter, Emmi Salinski, wurde erschlagen und verblutet auf dem Gartenweg vor ihrem Haus von Nachbarn gefunden.

Ein Zurück aus dem Wald gab's nun nicht mehr.

Es wurde beschlossen, soweit wie möglich durch die Wälder fortzukommen. Dafür trennten sich die vier, weil es zu zweit leichter wäre, durchzukommen, Verstecke und Unterschlupf zu finden.

Der Vater nahm seinen Jüngsten mit, die beiden Älteren sollten auf eigene Faust ihr Glück in der Flucht versuchen.

Von ihnen beiden fehlt seitdem jede Spur.

War ihr Schicksal die Deportation oder auch der Tod?

Vater Salinski mit dem jüngsten Sohn gelang es, sich bis auf polnisches Gebiet durchzuschlagen. Er heiratete dort später eine Polin und blieb in Polen.

Der Sohn hat auch geheiratet, eine Deutschstämmige.

Sie konnten in den 60er Jahren Polen in Richtung Westen verlassen.

Über das ganze Geschehen und die Schicksale erfuhren wir von Tante Marga.

Sie stand mit meiner Mutter in brieflichem Kontakt, war nach dem Krieg in die USA ausgewandert. In New York verdiente sie sich ihren Lebensunterhalt als Zimmermädchen in einem Hotel.

In Liepāja hat sie als Sekretärin und Auslandskorrespondentin für Englisch in der Anwaltskanzlei eines renommierten, international tätigen Juristen gearbeitet.

Am Libauer Strand noch unbeschwert Badefreuden
genießend: Beide Schwestern, links Emmi, die Förstersfrau,
und Marga, meine Patentante.

Helmstedt 8. V 95

Liebe Ursula!

Herzlichen Dank für deinen Brief mit Einlage zu
Ostern. Entschuldige bitte, daß ich nicht gleich ge-
antwortet habe, aber doch ging es eine Zeit sehr
schlecht. Jetzt hat sich mein Zustand etwas stabilisiert.
Ich habe vor vielen Jahren angefangen eine Stammtafel
aufzustellen. Leider sind es nur Skizzen, aber was
ich entziffern kann, schreibe ich dir auf. Es sind
die Geschwister deines Großvaters und meines
Schwiegervaters David.

Luzie geb 1857
Ulrich " 1858
Paula " 1859 im Januar
Jeanot " 1859 im November
Theodor " 1860
Fritz " 1862 am 13. II gest 1913
Mimm " 1863
Julie " 1864
Daniel " 1865
Ella " 1872
Hermann " 1874 in Broten
Auguste " 1876
David " 1877 an 8 XII
Magdalena " 1881.

Es war eine große Familie. Ich habe unser Großvater nur Ella, Hermann und Auguste nennen

**Die »Scheffel-Kinder« in einer Übersicht von meiner Tante
Gritta Scheffel, der Schwiegertochter von David Scheffel**

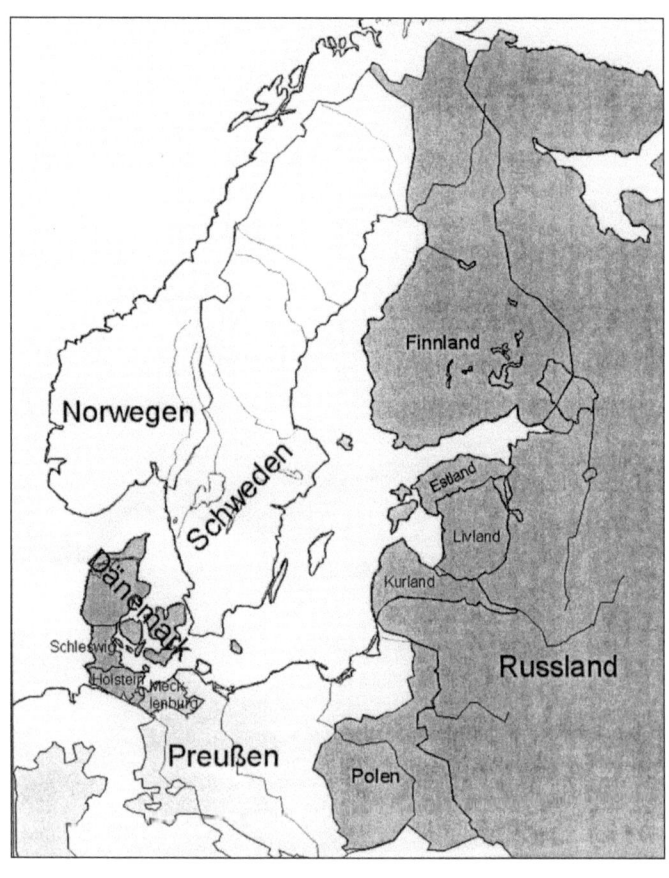

Der Ostseeraum nach dem Wiener Kongreß (1815)
Aus: Froese, Wolfgang. Geschichte der Ostsee. Völker und
Staaten am Baltischen Meer, S. 343.

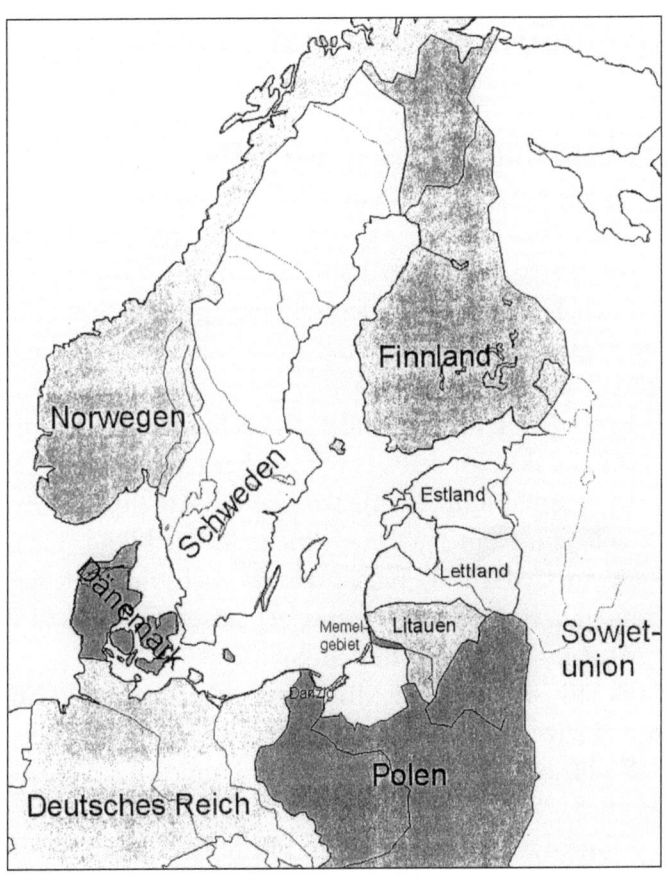

Der Ostseeraum nach dem Ersten Weltkrieg (1922)
Aus: Froese, Wolfgang: Geschichte der Ostsee. Völker und
Staaten am Baltischen Meer, S. 417.

Schlußbemerkung und Danksagung

Meine Kindheitserinnerungen habe ich aufgeschrieben, um meinen Vater und Großvater zu ehren.

Dann ist es mir ein starkes Bedürfnis, auch das kleine Land, Lettland, das vertraute Land meiner Geburt und frühen Kindheit, das Deutschland so nahe liegt und doch den meisten so fremd ist, etwas bekanntzumachen.

Es sind Geschichten und es ist erlebte Geschichte, die das Land dort an der Ostseeküste betroffen haben.

Manchmal kam es mir vor wie die Arbeit eines Archäologen. Man hat Bruchstücke in der Hand, gräbt tiefer im Gedächtnis, findet weitere Bruchstücke, die sich zum ganzen Bild zusammensetzen lassen.

Aber oft ist es auch nur ein Splitter.

Es läßt sich bei aller Mühe nicht mehr herausfinden, wo er zuzuordnen ist.

So bleibt ein Rest verborgen im Dunkel der Vergangenheit.

Ohne die Unterstützung und Ermunterung sehr hilfreicher Freunde hätte ich es nicht geschafft!

Dank sagen möchte ich an dieser Stelle der jungen Fotografin Celina Häfker für die einfühlsame, sorgfältige Aufbereitung der alten Bilder und Vorlagen.

Sowie vor allem Frau Dr. Gundega Seehaus, die die Initialzündung überhaupt für das vorliegende Objekt gelegt hat, als sie mir das aus Lettland mitgebrachte Touristen-Journal »Liepāja und Umgebung« übergab. Sie hat mich zum Aufschreiben meiner Erinnerungen ermuntert, immer wieder zum Weiterschreiben angestoßen.

Sie stand mir zur Seite bei den lettischsprachigen Einschüben. Durch ihre Begleitung dieser Aufgabe hat sie mir bei der Bewältigung der Trauer um den Tod meines Mannes geholfen, in die ich zu versinken drohte. Ihr gilt daher mein besonderer Dank.

Ebenso meiner lieben Ramona, die mich warmherzig in den Arm genommen hat und immer für mich da war, wenn andere fehlten.

Kurzbiographie

1931	in Liepāja/Lettland geboren.
	Erste Schulzeit in lettischer Grundschule.
1941	Umsiedlung mit der Familie nach Deutschland.
	Wohnsitz und Schulbesuch in Wismar/Mecklenburg.
1951	Abitur. Studium der Germanistik an der Humboldt-Universität zu Berlin.
1955	Staatsexamen. Danach bibliothekswissenschaftliche Ausbildung und Mitarbeit in Berliner wissenschaftlichen Bibliotheken.
1967	Heirat mit dem Berliner Antiquar Wolfgang Wehlitz.
1980–1991	An der Akademie der Künste der DDR beschäftigt im Bereich Schriftstellernachlässe/Nachlaßbibliotheken. Hauptsächlich mit Arnold Zweig und Wieland Herzfelde (Malik Verlag).
	Veröffentlichungen dazu in den »Mitteilungen« der AdK und in »Marginalien Blätter der Pirckheimer Gesellschaft«.
2004	Deutsche Nachdichtung einer Auswahl lettischer Lyrik: »Rīga ūdenī – Riga im Wasser«.
	Zweisprachige Ausgabe im Verlag Tapals in Riga.